아직 제가 누군지
알아가고 있습니다
만

아직 제가 누군지
알아가고 있습니다
만

청년이 청소년에게 건네는 성장고백

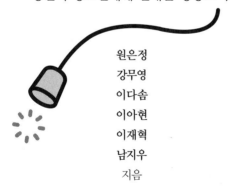

원은정
강무영
이다솜
이아현
이재혁
남지우

지음

COOPERATIVE
착한책가게

대한민국에서 사춘기 청소년으로 산다는 것
매일 미래가 불안하지만 오늘은 좋다

청소년의 가장 가까운 미래, 청년

"그런데요, 작가님은 이미 꿈을 이루셨잖아요. 꿈을 이룬 사람들은 다 그렇게 말해요. 좋아하는 일을 하고 자기 자신을 믿으라고요. 근데 그건 꿈을 이미 이뤘기에 할 수 있는 말처럼 들려요. 정말 그렇게 하면 원하는 걸 이룰 수 있나요?"

저자 초청 강연으로 청소년들을 만나는 자리에서 한 고등학생이 손을 들고 물었습니다. 누가 봐도 한껏 용기를 낸 목소리였지요. 말 속에는 막연함과 답답함이 묻어났습니다. 푸념이나 불만이 아니라 정말 그런지 알고 싶어 하는 마음이 더 크게 다가왔습니다. 그건 간절함이었어요.

어느 때부터인가 청소년들을 만나면서 종종 듣게 되는 말입니다. 그 마음의 정도를 가늠하며 더 다가가려 해보지만, 말 그대로 저는 짐작 정도만 가능한 40대 중반의 어른이 되어있었죠.

청소년에 대한 사회적 위치와 편견을 연구하고 강연과 캠프로 청소년 만나는 일을 15년 넘게 해오는 동안 나 자신이 청소년이었던 시기와 점점 더 멀어졌고, 현재 청소년으로서 시간을 보내고 있는 아이들과도 거리가 멀어지는 듯했습니다. 마음은 더없이 가까운데 사회의 기준으로 봤을 때 우리 사이에는 긴 세월이 놓여 있었습니다.

특히 저자 초청 강연을 가면 청소년들이 보내는 선망, 신기함, 호기심의 눈빛은 좋았지만 그 사이에는 가볍게 뛰어넘기엔 너무 넓은 냇물이 흐르는 듯했어요. 내가 갈 테니 기다리라고 하거나 이리로 넘어오라고 응원을 보내는 것이 무책임하게 느껴져 어떻게 다리를 놓을까 고민스러웠습니다.

그러다 한 장면이 떠올랐습니다. 청소년 캠프를 할 때면 주로 대학생으로 꾸려진 멘토단을 선정하여 각 조별로 2명씩 배정을 합니다. 캠프를 이끌어가는 강사진은 충분히 많았지만, 그렇게 하는 이유는 청소년들과 '가장 가까운' 어른을 만나게 해주고 싶기 때문입니다. 멘토들은 자기네 조를 챙기고, 같이 밥을 먹고, 안전사고가 나지 않게 함께 이동하고, 쉬는 시간에는 유행하는 게임도(그야말로 열정적으로) 하지요. 어떤 멘토는 자기 용돈으로 조원들에게 아이스크림을 사줘서 다른 조의 부러움과 원성을 사기도 했어요.

1박 2일, 2박 3일 청소년 캠프를 구성하는 프로그램들은 (진짜) 재미있고 의미 있는 것들입니다. 특히 강사로서 저의 말은 '어록 대잔치'라고 자부합니다. 청소년들에게 꼭 필요한 말을 기가 막히게 다듬어서 매시간 방출하지요. 그런데 매번 한 장면을 목격할 때마다 의아함이 일었습니다. 내가 아무리 (기가 막힌) 어록을 내어놓으며 강의를 해도 큰 감흥을 보이지 않던 아이들조차 자기 조 대학생 멘토가 하는 말에는 귀를 쫑긋 기울이는 겁니다.

"쌤도 사춘기가 심하게 왔었거든. 그래서 완전히 공부를 놨었어. 그때를 생각하면 완전 정신이 나간 애 같았어. 그러다가 고3 때 갑자기 정신 차려서 진짜 미친 듯이 공부했고 지금 대학에 온 거야. 늦긴 했지만 열심히 하니까 되긴 되더라니까."

"그럼 쌤은 뭐가 되고 싶으세요? 졸업하면 뭐 하실지 정했어요?"

"아직 잘 모르겠어. 어떻게든 되겠지 하는 마음이야. 지금은 일단 이런 캠프에 와서 자원봉사도 해보고 하면서 경험을 쌓는 거지, 뭐."

대학생 멘토들의 말은 정리되지도 않고, 모호하기도 하고,

선명하지도 않은데 청소년들은 그들의 이야기를 경청하면서 안도와 위안 그리고 힘을 받는 것 같았습니다. 특히 그들의 눈빛은 나의 기가 막히고 세련된 어록을 들을 때보다 훨씬 더 초롱초롱했고, 훨씬 더 듣고 싶은 말이 많은 듯 보였어요.

그래! '가장 가까운 어른'. 청소년의 가장 가까운 미래인 그들의 이야기가 더 와 닿고 더 생생하게 느껴지는구나. 대학생, 즉 20대 청년들의 이야기를 들으면서 자신이 곧 만나게 될 미래를 그려보고 있구나. 그 눈빛은 상대방의 이야기를 들으며 자신의 미래를 그려보는 눈빛이었습니다.

그대와 닮은 20대 청년의 리얼 스토리

다양한 진로 관련 프로그램과 책이 학교와 부모 그리고 여러 청소년 전문기관으로부터 청소년들에게 제공됩니다. 그 속에는 꿈을 이룬 사람들의 이야기가 많이 담겨 있지요. 일명 꿈을 이룬 '성공한 사람'들의 사례는 현재 꿈을 꾸고 있는 청소년들에게 동기부여가 되고 자신의 미래를 희망적으로 바라보게 하는 힘을 줍니다. 자신도 그들처럼 꿈을 이루고 세상에 영향력을 미치는 사람이 될 수 있다는 기대감을 갖게 하지요. 그와 동시에 청소년들은 자신과 간극이 큰, 살아온 시간과 상황과 입장이 다른 이야기를 들으며 정말 자신이 잘해낼 수 있을지 조바심을 내기도 합니다. 지금 자신의 모습을 보면 저 성공한 사람만큼 대단한 용기나 모험정신도 없고 뭔가에 몰입해본 경험도 없다는 생각에, 자신이 아무것도 아닌 사람이 되는 건 아닐까 두려워하고 불안함을 느끼는 것이지요. 한 청소년의 말에 따르면, 기대가 되고 가슴이 뛰기도 하지만 이상과 현실의 차이가 너무 심해서 한편으로는 자신을 거기까지 끌어올릴 자신이 없어진다고 합니다.

많은 청소년이 하는 고백 중에 "저는 꿈이 없어요."라는 문장이 있습니다. 이 문장을 말로 뱉을 때의 표정이 어떤지 자세히 살펴본 적이 있나요? 이미 어딘가에서 패배를 했다고 털어놓는 양 주눅 들거나 위축되어 있습니다. 그리고 그걸 감추려고 더 냉소적인 표정과 어투로 말을 하기도 합니다. 지금 꿈이 없으면 미래에 아무것도 되지 않을 것 같다는 두려움을 내포하고 있음이 미세한 떨림으로 전해집니다. 그러한 인식을 갖도록 아이들에게 강요하고 있는 이 사회는 물론이고 어른 쪽에 가깝게 서 있는 나 역시 그것에 동참했거나 동참하고 있는 건 아닌지 미안함이 올라옵니다.

"나도 꿈이 없었어요."

이런 고백 역시 어른인 내가 하면 큰 위로가 되지 않는 듯

합니다. 어쨌든 지금의 나는 무언가를 이룬 사람에 속하기 때문이죠. 예전에 방황을 했고, 예전에 고민이 많았고, 예전에 꿈이 없었다는 말은 모두 다 해결된 사람의 '놀라운 반전' 정도로만 전달되는 듯합니다. 이런 느낌은 여러 권의 책을 출간하면서 더욱 짙어졌고, 더 가깝게 다가가 이야기하기 위해서는 누군가의 도움이 필요한 시기가 온 거라는 생각이 들었습니다.

청소년의 가장 가까운 미래, 청년.

10대 청소년은 곧 20대 청년이 되겠지요. 이는 누구에게나 한 번은 일어나는 일입니다. 성공하고 특출난 사람들의 이야기가 주를 이루는 세상에서 20대의 삶을 살아가고 있는 청년들의 '리얼 스토리'가 청소년들에게 닿을 수 있게 해주고 싶었습니다. 말 그대로 아주 평범하면서도 저마다의 개성으로 특별하게 현재를 살아가고 있는 사람들의 이야기, 세상의 잣대에 걸맞은 성공을 이룬 것도 그렇다고 실패를 한 것도 아닌 그저 지금을 살아가고 있는 사람의 생생한 이야기 말입니다.

한 예로, '인(in) 서울 대학'에 간 사람들의 이야기가 더 크게 들리는 이 세상에서 '인 서울이 아닌 대학'에 간 사람들이나 대학을 가지 않은 사람의 이야기는 어디에서 들을 수 있을까요? 대학 서열에 따라 환호의 크기가 달라지는 세상에서 누구나 자신의 삶에 환호와 응원을 받을 자격이 있다는 걸 다시 떠올려봐야 하지 않을까요?

　여기 다섯 명의 청년이 있습니다. '평범한 20대를 보내고 있는 청년'이라는 말은 겉말이고, 실은 저마다의 고민과 경험으로 자신의 20대를 지금 이 시간에 살아가고 있는 청년들입니다. 청소년 여러분의 삶이 이들 중 한 명과 혹은 두 명과 혹은 다섯 명 모두와 일부라도 같다면 이들의 이야기가 힘이 되어줄 거라 확신합니다.

누구에게나 마이크가 주어진다면

　TV 예능 프로그램 〈유 퀴즈 온 더 블럭〉이 처음 방영된다는 예고편을 봤을 때의 속마음을 고백하자면, 아무리 '유느님'이지만 이 프로그램은 잘 안 되겠구나 했습니다. 길을 가다가 우연히 만난 누구나 퀴즈를 맞히면 현금을 주겠다고? 이렇게 단순한 프로그램을 기획하다니 애정이 가득 담긴 안타까운 마음이 들었습니다. 그러다 어느 날 우연히 보게 되었는데, 어머나! 예상 외로 재미있고 감동적이어서 빠져들기 시작했습니다. '누구나 퀴즈를 맞히면 현금을 주는' 게 목적이 아닌, '누구나 이야기를 할 수 있는 주인공이 되는' 프로그램이었던 겁니다.

　연예인이나 유명인들의 고생하던 시절 사연이나 일상에서

일어난 웃음 가득한 에피소드, 영광스러운 순간들을 이야기하는 토크쇼가 주를 이루는 가운데 일반인들의 삶 이야기로 프로그램 시간을 채운다는 게 얼마나 모험인지요! 사람들은 유명하지 않은 사람들의 이야기는 궁금해하지도 않고 오랫동안 듣고 있으려고 하지도 않으며 그들이 하는 말을 명언이나 어록이라고 생각하지도 않습니다. 아니, 아닙니다. 이 생각은 명백하게 틀렸습니다. 평범한 사람들의 이야기에서 세상을 폭넓게 만나고, 타인의 이야기에서 삶의 힘을 만나고, 타인의 삶에서 내 삶을 만납니다. 들으려고 작정하지 않아도 가만히 듣고 있으면 마음에 울려오는, '사람'이라는 존재의 빛나는 아름다움과 공명하게 됩니다.

〈유 퀴즈 온 더 블럭〉은 누구에게나 마이크를 내밉니다.

"저, 시간 되시면 잠깐 이야기 좀 나눌 수 있을까요?"

세상의 마이크는 유명하거나 큰 성공을 이뤄냈거나 특별하고 독특한 이력을 가진 이들을 향해 있습니다. 그래서 마이크를 받기 위해서는 그런 것들(유명과 성공 그리고 특별)을 해내야만 할 것 같습니다. 그런데 이 프로그램은 매우 평범하고 일반적인 사람들 안으로 들어가 특별한 이야기를 발견해냅니다. 그들이 가진 특별함은 '한 사람'이라는 것. 사람이라는 그 자체의 특별함이지요.

누구나 이야기를 가지고 있습니다. 이 책은 '미래의 특별한 나'를 향해 달려가야 한다고 강요받는 청소년들에게 지금 잘 살아내고 있다는 말을 건네고 싶어서 시작되었습니다. '있는 그대로 소중하다'는 사실을 믿기 망설여지거나, 주변 사람들로부터 그런 말을 들을 기회가 충분치 않은 청소년들에게 알려주고 싶습니다. 내가 지금 살아가고 있는 이 모든 순간의 경험은 그 자체로 '나의 이야기'라는 것을요.

청소년들에게 자신을 신뢰하고 안심해도 된다는 이야기를 들려줄 사람으로 누가 좋을까? 무엇을 이루었고 해냈기 때문에 마이크를 받는 사람 말고, 청소년들에게 지금 필요한 진짜 이야기를 지닌 사람이어야 했습니다.

한편으로 세상은 청소년들에게 앞으로 마음껏 꿈을 꾸고, 모험을 시도하고, 미래에 모든 걸 해낼 수 있다고 말합니다. 그렇다면 그걸 이룬 사람들의 이야기보다는 이뤄가기 위해서 현재를 살아가는 이들의 목소리를 들으면 안도가 되지 않을까요? 여전히 어렵고, 여전히 고민이지만 힘을 내어 현재를 살아가는 우리의 이야기가 여기 있다는 목소리 말입니다.

청소년에게 가장 가까운 미래인 청년들이, 지금의 청소년들이 가장 기대하면서도 가장 두려워하는 시기인 20대의 생각과 여정을 전해줄 것입니다. 가르치지 않고, 조언하지 않으며,

정답이 있다고 말하지 않으면서 그저 자신들의 이야기를 건넬 것입니다. 나는 이미 '나'인데 그걸 인정하지 않는 세상과 마주하는 여정을, 그리고 세상의 잣대를 자신에게 들이대는 걸 멈추고 스스로를 신뢰하는 방법을 알아가는 여정을 전할 겁니다. 이 시대의 청소년들이 지금 자신에 대한 생각의 방향을 잘 잡아가기를 바라면서 조금 더 먼저 걸은 사람들이 건네는 진정한 위로와 격려를 이 책을 통해 나누려 합니다.

원은정

강무영 | 26세

시스템에 잘 적응하는 성격으로 아무 생각 없이 주어진 흐름 속에 살다가 스물두 살 들어서야 내가 어떤 사람이고 나는 무엇을 하고 싶은지 알아가는 시간을 가졌다. 좋아하는 것, 잘하는 것 하나 모르는 '나'에서 시작해 올해 '나'를 알아가기 6년차. 그러다 보니 내 맞춤('진로' '취향' '자존감 지킴법' '인간관계')을 알게 되어 더욱 단단하게 중심이 잡히고 행복해졌다. 대학교 졸업 후 뒤늦은 취업준비 경험은 생애를 통틀어 3위 안에 들 정도로 힘들었다. 건강한 자기 자신을 바탕으로 세상에 기여할 수 있는 사람이 되길 좇는 중이다.

이다솜 | 29세

비인가 대안학교인 금산간디학교에 다니면서 꿈틀거리던 스스로에 대한 질문이 쏟아져 나왔다. 고등학교 졸업 무렵 아등바등하지 않고 나답게 살겠다는 다짐을 실천하는 마음으로 대학을 선택하지 않았고 불안하지만 후회 없는 20대를 보냈다. 내내 비주류의 삶을 산다고 생각했는데 그로 인해 더 많은 경험을 했다고 생각한다. 여행, 문화기획, 대학, 지역 활동가, 책방 창업, 수험생 등 다양한 경험이 오늘의 나를 만들었다. 현재 삶의 안정과 꿈을 이루고자 전문상담교사에 도전하고 있다.

이아현 | 24세

사람들과 함께 있을 때 에너지가 넘친다. 내가 모르는 보석 같은 사람들을 찾아다니는 게 좋아 다양한 대외활동을 하며 경험을 쌓아왔다. 수많은 사람들을 만나다 보니 숨겨진 그들의 '성격'이나 '감정'을 눈치 채는 눈썰미가 생겼다. 요즘은 나와 정반대 성향의 사람을 '있는 그대로' 이해하고 받아들이는 연습을 하고 있다. 올림픽에서 자원봉사를 했을 때의 기쁨이 오래 남아 나라를 위해 할 수 있는 일이 무얼까 고민하던 중, 군무원이 너무나 매력적으로 다가와 곧바로 필기시험을 준비하기 시작했다.

이재혁 | 23세

여덟 살 때부터 아름다운 섬진강이 흐르는 마을에서 공부에 대한 강요나 사교육 없이 자랐다. 농업을 제대로 배워보겠다는 마음으로 대학에서 공부하던 중 필리핀 농촌으로 약 9개월간 국제개발 봉사활동을 다녀왔고 그곳에서 농촌의 지속가능성에 대한 방향성을 고민할 수 있었다. 지금은 농업회사법인 (주)미실란에서 기업 경영을 몸으로 익히고 배우며 농촌의 희망을 만들어가고 있다. 낯가림이 심했는데 카페를 운영하면서 어느덧 손님들과 자연스럽게 대화하는 스스로에게 놀라고 있다.

남지우 | 26세

혁신학교에서 자유롭고 활기찬 고교 3년을 보냈다. 대학에서는 글쓰기로 생각을 표현하는 일, 저 멀리 여행하는 일에 관심이 갔다. 미래를 준비하는 시늉이라도 하려던 찰나, 졸업과 코로나 그리고 희귀난치성질환이란 것이 찾아왔다. 이래저래 한국 땅에 묶여 어영부영 취업을 했고, 얼떨결에 칼럼니스트가 되어있다. '불안정의 아이콘'이라 스스로 생각하며 마음 가는 곳에 몸을 두겠다 결심하지만 속박과 자유의 경계에서 흔들리고 있다.

1부

우리에게,
그때도 지금도 중요한 것들

시야에서 사라진 '청년'들

청소년들을 만날 때 가끔 이렇게 물을 때가 있다.

"어른 되면 하고 싶은 거 있어?"

이 질문에서 '어른'은 스무 살 이후를 의미한다는 걸, 말하는 나도 듣는 아이들도 이해한다. 스무 살은 어른의 세계로 들어가는 입구처럼 느껴진다. 아이에서 어른으로 인정받는 중요한 경계의 나이다. 법적으로 제재되던 것들이 한꺼번에 풀리는 나이라, 주민등록증을 들고 술집에 가는 게 SNS에서 유행하기도 한다. 그렇다 보니 청소년들은 얼른 어른이 되고 싶어 할 거라는, '어른이 되면 하고 싶은 일들'을 목록화해서 늘 지니고 있을 거라는 생각에서 비롯된 질문이다. 대답은 뜻밖인 경우가 더 많다.

"아, 어른 되기 싫어요."

"대학을 가야 뭘 해도 하겠죠."

"지금도 싫지만 어른 되는 것도 싫어요. 캄캄해요."

어른 되면 자취를 해보고 싶다거나 연애를 하거나 여행을 가고 싶다는 대답도 있었지만 스무 살, 즉 어른이 되는 것이 겁난다는 쪽의 답변이 압도적이라 의문이 일었다. 아이들은 모두 스무 살에 대한 환상과 로망을 가지고 있을 거라고 생각한 '이전 세대'로서 그들에게 20대, 대학생으로 상징되는 청년, 어른이 된다는 건 어떤 의미일지 제대로 알고 싶어졌다.

그동안 청소년에게 진로 교육을 하면서 이 사회가 놓치고 있는 것들에 안타까운 마음이 들곤 했다. 바로 청소년에게 곧 다가올 미래인 청년에 대한 이미지가 우리 사회에서 어떻게 구축되어 있느냐에 대한 점검이다. '청년' 하면 어른들도 정책 차원의 용어로서만 접하는 경우가 대부분이며, 힘겨운 취업난, 낭만이 사라진 대학 생활, 스펙 쌓기 등의 키워드로 주로 나열된다. 과연 청소년들은 '청년'이라는 단어에 대해 어떤 이미지를 갖고 있는지 물어본 적도 들어본 적도 없다는 걸 깨달았다. 청소년들은 해마다 그 이미지 속으로 성장해가고 결국에는 닿게 되는데 말이다.

과연, 청소년들 눈에 청년들의 삶이 입체적으로 목격되고 자주 보여지고 있는가? 요즘 TV 드라마를 보면 청소년에 대한 이야기는 물론이고 이른바 '청춘 드라마'로 불리는, 청년이 주인공으로 등장하는 이야기도 많지 않다. 20대나 대학생이 주인공으로 등장한다 해도 너무도 어려운 환경(사연)에 놓여 있거나 사회를 향해 삐딱한 시선을 가지고 있는 사람으로 그려지는 경우가 많고 그마저도 사랑(연애) 이야기가 주를 이룬다. 그래서 그들의 실제 일상과 마음이 어떨지에 대해 간접적으로라도 들여다볼 수 있는 기회가 제공되지 않는다.

이종승은 〈시네포럼〉(2014)에서, 청년세대를 주인공으로 내세운 〈오자룡이 간다〉, 〈청담동 앨리스〉, 〈광고천재 이태백〉 같은 드라마들이 청년세대의 삶을 사실적으로 묘사해 많은 이들의 공감을 불러일으켰지만, 드라마의 전개가 출생의 비밀이나 연애관계에 치우치는 경향을 보이면서 사회 구조적인 문제를 지나치게 피상적으로 다루는 한계를 드러냈다고 비판했다.

청년의 삶을 미화하거나 연애 중심이 아닌, 그들의 고민과 경험을 담는 데 충실했던 드라마로 많은 사람들이 〈미생〉을 꼽는다. 박찬주는 2016년 논문을 통해, 〈미생〉은 남들에 비해 화려한 경력이나 스펙, 어느 것 하나 내세울 것 없는 고졸의 평범한 20대 청년 '장그래'라는 인물이 대기업의 계약직 신입사원으로 들어가면서 벌어지는 노동의 현장과 삶을 꽤 현실감 있게 재현해냈다는 평가를 받는다고 말한다.

드라마 주제에서 어김없이 비주류로 밀려난 것처럼, 정책이나 뉴스기사, 통계 등에는 청년이라는 용어가 자주 등장하지만 그들의 일상과 진짜 고민은 시야에서 사라졌고 들리지 않는다. 이 책을 읽고 있는 여러분에게 묻고 싶다. '20대', '청년' 하면 어떤 이미지가 떠오르는가? 떠오르는 단어들이 있다면 어떤 것들인가? 잠깐 멈추고 구체적이고 선명하지 않아도 좋으니 한번 생각해보자.

청소년이 생각하는 청년

그렇다면 청소년들이 생각하는 청년의 모습은 실제 어떨까? 청소년들은 청년들에 대해 무엇을 궁금해하며 직접 만나게 되면 어떤 얘기를 듣고 싶어 할까? 청년들에게 하는 질문에서 드러나는 청소년들의 고민은 무엇일까? 이를 알아보기 위해 10대 청소년을 대상으로 설문조사와 스몰 인터뷰를 진행했다. 선택형의 닫힌 질문이 아닌 주관식으로 열린 질문 세 개를 뽑아 강의로 만나는 청소년들에게 틈이 날 때마다 질문하고 답변을 모았다.

설문조사는 공교육 고등학교 두 곳, 대안중학교와 대안고등학교, 학교 밖 청소년으로 나누어 14세 이상을 대상으로 진행하였다. 스몰 인터뷰 역시 중학교와 고등학교에서 강의를 하거나 대안학교 청소년들을 만날 때마다 한 학기 동안 수시로 진행했다. 14세 이상을 대상으로 한 이유는 중학교에 진학하면서부터 미래에 대한 구체성과 현실성이 다르게 다가온다고 생각했기 때문이다.

질문의 목록은 다음과 같다.

1) '청년', '20대' 하면 떠오르는 이미지와 생각들을 자유롭게 적어주세요.

2) 20대 청년들에게 궁금한 점을 자유롭게 적어주세요.

3) 지금 나의 가장 큰 고민은 무엇인가요?

먼저, 청소년들은 20대, 청년에 대해 어떤 이미지를 가지고 있다고 답변했을까?

열정과 활기, 도전과 책임 그리고 자유 등의 키워드가 많은 수를 차지하면서 동시에 취준생, 취업난, N포세대라는 단어가 같은 비율로 포함되어 있었다. 불안함과 외로움, 실망, 돈없음과 부담감이라는 단어도 눈에 띈다.

"자유와 청춘이 떠오르기도 하지만, 가장 힘든 시기라고도 본다. 젊음을 즐기기는커녕 대입, 취업, 미래 준비를 위해 10대보다 더 치열하게 달려야 하는 삶이 지쳐 보인다."

"내가 생각하는 20대라는 것은 성인이 되어 이제 자신의 삶을 자기 자신이 관리하고 책임져야 한다고 생각한다. 또한 그만큼 나이를 먹는 것이니 삶의 무게를 짊어지는 것이라고도 생각한다."

청소년이 생각하는 청년 이미지를 들여다보면 세 가지 정도로 구분된다. 첫째는 사회에 널리 퍼져 있는 뉴스기사로 자주 접하는 청년의 모습인 취업난, 열정페이, 대학 재수, N포세대 등이다. 둘째는 자신이 20대가 되었을 때 할 수 있는 것들을 나열한 것들로, 자유로움, 내가 만들어가는 주체적인 삶, 다양한 경험, 캠퍼스 라이프, 군대, 술 마시기, 새벽까지 PC방에 있기, 여행과 문신 등이다. 마지막으로, 20대가 되었을 때 감당해야 할 부분들로, 자신의 삶을 온전히 책임져야 하는 홀로서기, 경제적 독립, 아르바이트, 창업 등 어른으로서의 삶이 시작된다는 이미지를 가지고 있음을 볼 수 있다.

2015년 9월 '한국언론진흥재단 미디어연구센터'에서 실시한 "'청년'하면 떠오르는 단어" 온라인 설문조사를 보면 이번 설문을 통해 드러난 청소년들의 대답과 크게 다르지 않다. 47.6%가 청년 실업 연관어로, 취업, 실업, 일자리, 백수, 알바, 인턴 등의 단어가 눈에 띈다. 그리고 42.8%가 청춘 연관어로, 청춘, 열정, 패기, 연애, 여행, 낭만, 미팅 등이다.

이처럼 청년이라는 단어는 이미지화되어 기능적인 부분만 부각되거나 미화되어 있다. 청년이라는 단어는 난무하는데 청년들의 일상은 소외되어 있다. 그런 면에서 최근 정치계에서 청년들이 주류 안으로 들어오고 있는 현상은 환영할 만한 일이다.

청소년기는 사회의 영향을 많이 받는 시기라고 할 수 있다. 자신이 살아가고 있는 환경을 스스로 선택하거나 노력하여 바꿀 수 없기에, 현 사회 시스템 안에서 주어진 것들을 소화해야 본격적인 자기 삶의 궤도에 오를 수 있다고 여긴다. 그리고 그 과정에서 누락되지 않으려 사회의 기준에 맞는 조건을 갖추기 위해 살아가고 있다. 사회의 기준에 부합하지 않으면 20대가 되어 취업과 실업의 갈림길에서 실업이라는 비주류의 길로 접어들 수 있음을 가장 먼저 인식하고 있는 것이다.

청소년들이 직접 적어준 청년에 대한 키워드를 보면서 어른으로서 미안한 마음이 들었다. 청소년들이 맞이할 가까운 미래에 대해 구체적이면서 희망적인 이미지를 제공하지 못했다는 생각 때문이다. 청년들의 실제 삶은 '취업난'이라는 단어 하나로 가두기에는 턱없이 아쉬운, 더 커다란 삶의 이야기를 품고 있다. 한 사람 한 사람의 일상은 자기 자신을 관찰하고, 삶의 힘을 발견하고, 누군가와 연결되고, 사랑과 우정을 이어가는 가운데 날마다 기쁨과 울적함 등 다양한 감정이 녹아 있게 마련이다. 이런 것들은 '취업난', '취준생'으로 표현되지 않는다.

그런 의미에서 보면 청소년의 삶과 청년의 삶은 이 사회에서 그 자체로 충분히 인정받지 못하고 있다는 공통점을 지니고 있다. 청소년 시기는 어른이 되기 위한 과정에 불과하고, 청년은 목적을 이루기 위한 과정에 불과한 삶으로 그려지고 있는 현시대의 인식이 안타깝다.

한 청소년이 말한 "젊음을 즐기기는커녕 대입, 취업, 미래 준비를 위해 10대보다 더 치열하게 달려야 하는 삶이 지쳐 보인다"는 청년의 이미지는 치열한 10대를 보내고 도달할 수 있는 곳이 암담함과 답답함으로 채워진 현실이라고 여겨지고 있음을 보여준다.

청소년의 고민, 그리고 청년들에게 묻다

청소년들이 20대 청년들에게 궁금해하는 목록은 현시대 청소년들이 어떤 고민 속에 있는지를 보여준다. 가장 큰 고민은 진로 영역으로 대학, 취업, 경제적 차원이 주를 이룬다. 이를 청소년 시기에 하는 당연한 고민이라고 여길 수도 있지만 조금 더 깊이 들여다보면 이 사회가 청소년들에게 무엇을 강요하고 있는가를 말해준다. 청소년기에는 자신을 알아가는 과정을 통해 자아정체성을 확립하는 것이 중요하다고들 하지만, 정작 청소년들의 시제(시간)는 모두 미래로 향해 있다. 지금을 살아가면서 나를 알아가는 법, 내가 무엇을 좋아하는지 발견하는 힘, 다른 사람과 잘 교감하며 우정을 쌓아가는 법 등에 대한 고민은 진로와 미래 앞에서 그저 사소한 고민으로 치부된다.

설문조사 질문 중 '지금 나의 가장 큰 고민은 무엇인가요?'에 대한 답변은,

"졸업하면 뭐 먹고 살지?"

"대학 갈 수 있을까?"

"입시, 정시, 수시."

"진로가 확실하지 않다 보니 막막하다."

등이 대부분이었다. 그렇다 보니 청년들에게 궁금한 점 역시 이와 관련된 질문이 많다. 직업을 구하는 과정, 취업 방법, 진로 선택 과정, 대학을 나오지 않으면 일자리 구하기 힘든지 등이다. 예를 들면 다음과 같은 질문들이다.

"실제로 취업하는 게 많이 힘든지요?"

"정말 결혼할 생각이 없나요?"

"불안정한 미래를 준비하기 위해 어떻게 버티고 사나요?"

"다들 힘들다던데 진짜 힘든가요?"

"요즘 시대에 취업 잘 되는지요?"

"본인이 살아가는 원동력은 무엇인지요? 꿈 혹은 가족, 어쩔 수 없이 그냥 살아야 해서?"

궁금한 것들 속에 청년의 삶이 힘들 거라는 인식이 가득 묻어나온다. 이런 인식이 압도적으로 큰 이유는 이 사회가 '불안한 미래'라는 무기를 가지고 청소년, 청년의 삶과 생각을 압박하고 있기 때문이다. 청소년들은 자신만의 개성을 살려 원하는 삶을 살겠다고 목소리를 내어 외치기도 전에 좁디좁은 문을 통과하기 위해 오늘도 막막한 걸음을 힘겹게 걷고 있을 것이다.

설문에서 나온 질문 중에 조금 더 깊게 들어가 이야기 나누고 싶은 질문들을 소개하고 싶다.

"20대 청년이 되니 어릴 때 생각한 것보다 행복한가요?"

"대학을 갔다면, 12년 동안 공부해서 대학 간 의미가 있는 것 같나요?"

"우울할 때 우울함을 벗어날 수 있는 자신만의 방법이 있나요? 자존감이 낮아지고 자신감이 떨어질 때 이를 극복하는 방법은요?"

"실패하면서 성장한다는 말이 정말일까요? 모든 걸 다 잘해내고 싶어 하는 삶이 정말 도움이 되는 삶일까요?"

"20대의 자신을 만들어온, 10대 때 한 선택들과 결정에 후회하지 않나요? 후회되는 것이 있다면 어떤 점인가요?"

질문들 속에는 삶을 행복하고 의미있게 살아내고 싶은 간절한 소망이 흐르고 있다. 누구나 자기 자신을 관통하는 질문을 스스로에게 던지면서 숙고하는 시간을 보낼 때 진로와 미래에 대한 목표도 자연스럽게 정해진다. 대학 진학과 취업이라는 일직선상의 목표가 아니라, 삶 전반을 아우르는 철학과 의미를 곱씹어보는 사유, 자신을 신뢰하고 시시때때로 찾아오는 불안을 마주하는 일 그리고 자기 자신이 얼마나 선하고 정의로운 사람인지를 발견하는 힘이 희열과 좌절 사이에서 자신을 사랑하는 방향으로 나아가도록 할 수 있지 않을까?

그래서 1부에서는 다섯 명의 청년이 함께 모여 1)꿈과 진로, 2)가족과의 관계와 독립, 3)우정과 갈등 그리고 많은 사람에게 상처로 남는 학교폭력, 4)자존감과 용기, 5)건강한 연애에 대한 이야기를 나눠보았다. 청년들의 말 속에서 정답이나 해결책을 찾는 것이 아니라, 그동안 밀쳐 두었거나 두려워서 직면하지 못한 마음들과 마주하며 나만의 세계관을 구축하는 시간이 되길 바란다. 청년들은 자신들의 생각과 경험을 들려줌으로써 청소년들에게 '지금'을 더 단단하게 살아갈 수 있는 힘이 채워지기를 바랐다. 자신보다 덜 허우적거리고, 자신보다 덜 당황하고, 자신보다 덜 쫓기길 바라는 마음으로 우리는 1년 동안 모이고 또 모였다.

1부는 인터뷰어(interviewer)인 원은정과 다섯 명의 청년 인터뷰이(interviewee)들의 토론으로 이루어진 주제 대화이다. 서로에 대한 예우와 동등한 관계 설정을 위해 우리 여섯 명은 첫 만남부터 호칭 정리를 "○○님"으로 통일했다. 나이와 상관없이 "○○님"으로 부르며 서로에게 조언하거나 가르치지 않았기에 다양한 주제에 대해 진솔하게 이야기 나눌 수 있었다. 한 명 한 명에게 했던 인터뷰와 이메일 문답 그리고 1박 2일 워크

숍 등을 여러 번 거치면서 나눈 대화 속에서 중요하다고 생각되는 내용을 재구성하였다. 여섯 명은 누군가의 말에 호응하고 공감과 반응을 보여주는 것에 탁월했는데, 글에 그런 것들을 온전히 기록할 수 없는 게 아쉽다. 누군가 말을 시작하면 말을 자르거나 무표정하게 있지 않고 충실하게 경청하고 연신 미소를 지으며 더 많은 이야기를 듣고 싶어 했다. 서로의 얘기에 엄청 많이 웃기도 했는데 글로 정리하자니 "하하", (웃음) 정도로 표현할 수밖에 없는 이 마음을 알아주길 바란다.

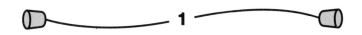

꿈과 진로의 의미 그리고
청소년기에 더 했어야 했던 것

봄이 기다려질 무렵, 설레는 마음으로 청년들과 인터뷰를 시작했다. 청소년들의 가장 가까운 미래라 할 수 있는 청년들에게 청소년이 가장 듣고 싶어 하는 말을 질문하고, 듣고, 정리해서 전달하는 '충실한 전달자'로서의 역할이 꽤 마음에 들었다. 그런데 막상 청년들을 만나면서 어쩜 이렇게 질문이 창의적이지 못할까 자책이 일었다.

인터뷰이 청년들을 만나서 한 첫 질문이 "앞으로 진로를 어떻게 생각하고 있어요?"였기 때문이다. 청소년들에게 이 사회와 어른들이 가장 많이 하는 질문이기도 하고 청소년들이 가장 싫어하는 질문이기도 한 '꿈이 뭐야?'를 (청소년들을 잘 알고 있다고 자부하는) 나 역시 물었던 것이다.

청소년들은 어른들의 이 질문에 대해 '아직 꿈이 없다'고 대답하는 데 두려움을 느낀다고 한다. 미래라는 가상을 전제로 하는 '꿈'마저도 평가받는다는 걸, 즉 꿈이 없다고 말하면 미래에 아무것도 할 수 없을 것처럼 생각하는 시선이 따라붙는 걸 알고 있기 때문이다. 교육 현장에서 청소년들을 만나보면 꿈이 선명한 아이보다 꿈이 없거나 불분명한 아이가 더 많다. 이건 정확한 꿈(직업)을 강요하는 이 사회의 문화에 겁이 나기도 하고, 자신이 말한 꿈을 이뤄내지 못하면 어떡하나 하는 걱정이 앞서 '내 꿈은 이것이다'라고 말하기 부담스러워 나타나는 현상이기도 할 것이다.

그럼에도 이 사회는 청소년들의 마음에 대한 공감을 삭제한 채, 꿈이 명확해야 나중에 자신의 꿈을 이루며 살 수 있고 그것이 성공의 길이라고 말한다. 꿈을 탐구할 시간은 충분하게 주지 않으면서 꿈이 선명하지 않으면 미래가 불안하다는 의식을 심어주고 있다. 그래도 공부를 잘하는 축에 속하면 이른바 좋은 대학에 갈 가능성이 높아지고 그러면 막연히 '무언가 되어있겠지'라는 생각이라도 확보할 수 있다. 이 사회는 청소년들에게 하라는 대로만 하면 나중에 '잘될 거라고' 말하지만, 정작 당사자는 그 말대로 시간을 보내고 나니 '자신이 원하는 자신'이 아니라 '사회가 원하는 착한 아이'가 되어있고, 뭘 하고 싶은지 제대로 고민할 기회가 없었다는 걸 발견하기도 한다.

자신의 꿈에 대해서 말을 할 때 청소년들도, 청년들도 '막연히'라는 단어를 많이 사용한다. 꿈의 시제는 미래이니 '막연히'라는 단어는 꽤 적절하다. 그러나 꿈을 꾸고 있는 시제는 현재이기 때문에 자기 자신에 대해서는 '막연히'가 되지 않기를 바란다. 꿈이 막연하다고 해서 나라는 사람이 막연해지는 게 아니다. '뭘 해야 할지' 모르겠고, '뭘 좋아하는지' 모를 수 있지만 알아가고 있는 지금의 나는 선명한 나다. 내가 나를 알아주지 못하면 누가 나를 알아주겠는가.

나를 제외하고는 모두가 진로도 잘 정하고 꿈도 분명하게 정하고 출발하는 것처럼 보일 때가 있다. 하지만 청년들의 이야기를 듣다 보면 실은 모두가 같은 마음이라는 걸 알게 될 것이다. 꿈은 원래 기대되고 설레고 불안하고 위태롭다. 왜냐하면 이 땅에 살고 있는 그 누구도 알 수 없는 미래의 일이니까.

멍 때리기와 '나' 탐구하기

청소년들이 살아가고 있는 '청소년 시기'는 현재를 위한 시간일까, 미래를 위한 시간일까? 청소년들에게 꿈과 진로에 대해 강조를 넘어 강요하고 있는 게 현실이다. 청소년기는 어른이 되었을 때 어떻게 살 것인지를 준비하는 시기이며 미래를 위해 현재를 투자하고 저당 잡히는 시기로 치부된다. 그래서 청소년들은 꿈 얘기와 진로 얘기는 필요하다고 생각하면서도 동시에 '지겹다'고 표현한다.

"또 꿈 얘기야?"

게다가 꿈과 진로에 대해서 새로운 관점이나 선명한 길을 제시해주는 것도 아니고, 목표가 명확해야 미래에 잘될 수 있다는 식의 '겁을 주는' 이야기가 주를 이룬다. 청소년 시기의 하루하루를 어떻게 살고 있는지 물어봐주고, 자신의 일상을 더 사랑하고 몰입하는 것이 중요하다는 얘기를 해줄 수는 없을까?

청소년들에게 매일 시간을 어떻게 보내느냐고 물어보면 학교와 공부 말고 자신만의 '생활 정체성'이 없음을 발견한다. 틈이 나면 주로 게임을 하거나 유튜브를 보면서 시간을 때우거나 스트레스를 푼다고 말한다. 심지어 읽고 싶은 책이 있는데 공부와 관련 없는 책은 읽지 말라는 주변의 말에 그저 허탈할 뿐이라고 토로하기도 한다. 꿈은 언제나 바뀔 수 있고 어른이 되어서 새로운 꿈을 만날 수도 있는 건데, 같은 꿈을 지속했느

나가 평가에서 유리한 조건이 되기도 한다.

　미래를 위해 준비하는 것도 중요하지만 그렇다고 해서 오늘을 행복하지 않게 살 이유가 없다. 청소년기에 지금 시간을 어떻게 보내야 행복하고 주도적인 삶을 살아갈 수 있을지 생각해볼 기회를, 적어도 일상의 일부는 청소년 자신에게 돌려줘야 하지 않을까?

　무영 저는 10대 때의 시간이 참 허무하게 느껴져요. 맹목적으로 성적만 바라보고 공부만 했던 시간도 허무하다고 생각되지만, 공부하는 시간 외에 많은 시간을 그냥 컴퓨터 앞에 앉아서 게임을 하거나 웹서핑 하면서 때우듯이 시간을 보냈거든요. 언젠가 TV 프로그램에서 유현준 교수님이 선조들은 불멍을 하면서 마음의 안정을 찾았다고 하더라고요. 모닥불을 멍하니 바라보며 머리를 쉬게 해주는 거죠. 학교에서 밤 10시까지 있다가 돌아온 저에게는 컴퓨터를 바라보고 게임하는 시간이 불멍 비슷하지 않았을까 해요. 너무 오래 컴퓨터멍을 때리면 오히려 기분이 좋지 않지만, 그때의 잠깐 멍때리기는 힐링이기도 한 거죠.

　이렇게 보내는 시간 말고 약간은 능동적인 허무의 시간은 필요하다고 생각합니다. 그런 차원에서 이번에는 허무의 필요성에 대해 말씀드려볼까 해요. 허무라는 단어의 정의를 찾아보면 '아무것도 없이 텅 빔'이라고 나와요. 우리는 아무것도 없이 텅 비어 있는 걸 불안해하죠. 어떻게든 열심히 채우려고들 하잖아요. 저도 예외는 아니었어요. 취준생 때, 이력서와 자기소개서에 채울 게 딱히 없는데도 장황하게 채우려고 했거든요. 나중에 오히려 장황함을 비우니 자기소개서가 훨씬 또렷해지더라고요.

자기소개서뿐만 아니라 지금까지 인생에 있어서 허무의 시간은 터닝포인트와도 같았어요. 스물한 살까지 동아리 회장으로 바쁜 나날을 보냈는데, 스물두 살에 군입대를 하고 보니 저녁에 할 게 없는 거예요. 바쁘게 할 일이 없다 보니 그제야 '난 앞으로 뭐가 되지?'라는 생각도 할 수 있게 된 거죠. 그때부터 내가 좋아하는 게 뭔지 찾아가는 기나긴 여정이 시작됐어요.

10대 때는 그런 생각을 할 절대적인 시간이 정말 없었어요. 늘 다음 시험 생각하고 개념서와 문제집을 들여다보기에 바빴거든요. 물론 다시 10대로 돌아간다 해도 열심히 공부하며 시험을 준비할지 몰라요. 다만, 그때로 돌아가면 의도적으로 허무의 날들을 마련해 카페에서, 공원에서 나를 관찰하는 시간을 가질 거예요. 이런 시간이 나를 발견하는 의미있는 하루하루를 만들어줄 거라 생각해요.

아현 청소년 때의 추억을 떠올려보면, 학원 빠지고 학교 축제를 준비했을 때가 가장 기억에 남아요. 가장 잘한 선택이었다는 생각도 들고요. 저는 방송부에 관심이 많아 초등학교, 중학교 때 동아리를 모두 방송부로 선택했어요. 중학교 때는 1년에 한 번뿐인 축제를 위해 저녁 늦게까지 학교에 남아 학생회 친구들과 공연 연습을 하고 선생님의 지도 아래 홍보 포스터를 만들었어요. 엄마는 그 시간에 학원 가서 공부를 더 하라고 했지만 저는 완강하게 거부했죠.

"엄마, 한 번뿐인 내 중학교 시절의 추억에는 학원 가서 공부하는 나보다 학교에서 밤늦게까지 축제를 열심히 준비하는 내가 있었으면 좋겠어."라고 말한 기억이 나는데, 참 말을 잘했구나 하는 생각이 들어요.(웃음) 덕분에 지금의 나는 '그때 참 좋았었지.' 하고 회상하며 행복해하고 있으니까요.

재혁 청소년 때 운동이나 문화적인 요소를 많이 접해보고 그중에 자신이 좋아하는 것을 하나라도 꼭 찾았으면 좋겠어요. 취미생활은 어려서부터 찾는 게 좋은 것 같아요. 그 취미생활이 직업으로 연결되거나 부캐처럼 제2의 정체성이 되기도 하잖아요. 한번쯤은 취미생활이 내 삶의 전부라고 생각될 정도로 해보면 좋겠어요. 저는 그렇게까진 못해봤지만, 한 100분의 1 정도는 경험해보지 않았나 싶어요. 그래도 그렇게 얼핏 경험해

보니 취미가 주는 일상의 활력이나 풍요로움에 대해 이해하게 되었습니다. 나란 사람은 일만 하고 살 수는 없나보구나 하면서 좋기도 했고요. 일의 비중이 높을 수는 있지만 그렇다 해도 간간이 취미라는 숨통을 만들어두는 것이 중요하다고 생각해요. 그 취미를 청소년 시기에 만들어둔다면 더할 나위 없겠지요.

무영 맞아요. 청소년 시기나 20대나 내가 원하는 것들을, 그게 꼭 진로와 관련되지 않더라도 적극적으로 찾아가는 삶을 살면 그게 가장 좋은 거라고 생각해요. 만약 제가 10대로 돌아간다면, 영어와 악기 이 두 개를 열심히 배울 수 있는 환경에 저를 둘 것 같아요. 해외여행 가서도 기본적으로 필요한 게 영어이고, 나중에 해외에서 살게 될지 외국인들과 같이 일을 하게 될지는 아무도 모르잖아요? 근데 영어실력이 부족해서 그 기회를 놓치게 된다면 너무나 아쉬울 것 같다는 생각을 했어요. 제가 스물다섯 살이라는 나이에 영국으로 교환학생을 8개월 다녀왔는데요, 제가 느끼기에도 8개월간 영어 실력이 어마어마하게 늘었어요. 그럼에도 10대 때 영어 실력을 조금 더 늘려놨더라면 영국에서 좀 더 편하게 영어를 구사하며 더 풍부한 경험을 할 수 있지 않았을까 하는 아쉬움이 남아요

두 번째는 악기예요. 저는 스무 살 때 처음 첼로를 배우고 연주했는데요. 스무 살이라는 나이에 처음으로 4분음표, 8분

음표를 이해했을 만큼 음악에 대해선 완전 문외한 그 자체였어요. 그런데 첼로라는 악기를 배우고 클래식이라는 색다른 음악 장르를 접하니까 삶의 또 다른 지평이 열린 듯하더라고요. '음악이야 그냥 들으면 되지, 굳이 악기까지 연주해야 해?'라는 생각이 들 법도 한데요. 자기가 끌리는 악기를 하나 배우면 그 악기에 대한 애정이 더 많이 생기고 그 악기 소리가 내 삶의 행복요소가 되더라고요. 근데 스무 살이 넘어서 악기를 배우려고 하니까 뭔가 빨리 배워지지도 않고 많이 힘들었어요. 주위에 어렸을 때 악기를 배운 친구들을 보면 정말 부러워요. 물론 그 친구들도 어렸을 때 눈물을 훔치며 열심히 연습을 했겠지만, 다들 그때 갈고 닦은 실력으로 연주하며 지금 스스로 힐링을 하거든요. 힐링이 되고 행복을 느낄 수 있는 자신만의 방법이 하나 더 있으면 그만큼 삶에 더 애착이 생기는 것 같아요. 자신이 좋아하는 것들을 우선순위에서 밀쳐두지 않았으면 합니다.

지우 저는 혁신고등학교를 다녔는데 암기보다는 토론 위주의 수업이 많았고 개인 과제보다 팀별 프로젝트를 많이 했어요. 물론 학교 시험과 수능 준비를 위해 혼자서 따로 공부하거나 인강을 듣기도 했어요. 주말에는 학원도 다녔고요. 그렇지만 아침 9시부터 오후 5시까지, 하루치 공부의 대부분은 학교, 그리고 수업시간에 하게 되잖아요. 바로 그 시간 동안에 하는 혁신학교 스타일의 학습 방식이 저와 아주 잘 맞았고 즐거웠어요. 덕분에 '공부'라는 것이 고등학교 3년 동안 스트레스로 다가오지 않은 것 같아요. 공부를 할 때는 딱 공부만 하고 그 외의 시간엔 동아리 활동, 글쓰기 수업, 학생회 일을 하면서 교과 지식 이외의 시간과 경험으로 나를 성장시킬 수 있었어요.

스스로 생각하기에 청소년기에 내가 잘한 것은 '나'라는 인간에 대해 만족감을 끌어올리려 노력했다는 겁니다. 만약 그렇지 않았다면, 매일매일 허무, 자책, 열등, 질투와 싸우는 시간을 보냈을 것 같아요. 청소년기에 꿈과 진로만을 바라보며 시간을 채우기보다는 '나'라는 사람을 향한 탐구를 온 힘을 기울여 하고, '나'라는 사람의 독특함과 개성에 탄복하는 시간을 보내야 한다고 생각해요.

다솜 저 역시 대안고등학교를 다니면서 학교생활을 하는 동안 촘촘하게 '나 연구'를 할 수 있었기에 지우님 말씀에 깊이 공감합니다. 청소년 시기에 타인과 잘 지내는 다양한 경험과 소통 경험이 너무나 적게 주어지는 것 같아요. 제가 다닌 대안학교에서는 정기적으로 선생님을 포함하여 학교 구성원(학년 상관없이)이 다 같이 동그랗게 모여서 서로에게 감사함을 표현하거나, 미안한 마음을 전하거나, 고민을 털어놓는 등의 시간을 보내요. 그러면서 비폭력대화를 기반으로 실생활에서 자신의 마음을 전하는 방법과 소통하는 방법을 자연스럽게 익히죠. 청소년 시기에 소통하는 법을 배운 것이 현재 타인과 잘 지내는 기반이 되기도 하고, 졸업 후 협동조합 등 여러 프로젝트를 할 때에도 밑바탕이 되었어요.

지우 오, 정말 그렇겠네요. 저 역시도 지나고 보니 아쉬운 것은 고마운 사람들에게 마음을 자주 그리고 일상적으로 충분히 표현하지 못한 거예요. 그렇게 살아온 것이 안타깝고, 지금도 여전히 망설여지거나 어색할 때 스스로에게 아쉬워요.

무영 청소년 시기에 자신의 공부나 미래에만 몰두하느라 주변 사람과 어우러져 지내는 법을 익히지 못하다 보니 정해진 시간 외에는 타인과 소통하려 하지 않고 혼자 시간을 때우는 데 익숙해진 것 아닐까요? 대학에 와서 갑자기 팀별 과제나 토론을 하려니 난감하고 어색한 것도 이와 연관이 있는 것 같아요.

우리는 '앞으로 무엇이 되겠다', '나중에 어떻게 살겠다'라는 계획과 결심을 품는다. 그러나 그 '무엇'과 '어떻게'가 이뤄져야만 삶이 시작되는 건 아니다. 무엇이 되어가는 과정, 어떻게를 이뤄가는 과정 역시 삶이고, 삶은 대부분 그런 것들로 채워진다. 인간의 삶은 과정이지 결과가 아님에도 청소년에 한해서는 무언가에 도달하기 전엔 본격적인 삶이 시작되지 않은 것처럼 간주하며, 현재의 삶을 존중하지 않는다. 청소년들이 가장 원하는 질문은 '미래에 어떻게 될 건지'가 아니라 '지금 어떻게 살고 있는지'가 아닐까? 지금 곁에 있는 사람들과 어떤 대화를 나누는지, 지금 일상에서 누리는 행복은 무엇인지, 무언가를 배우는 과정에 스스로에게서 어떤 면을 발견하는지 하는 것들 말이다. 일상에서 '기쁨을 발견하는 방법'을 알지 못한 채 미래를 만났을 때, 그 미래의 오늘 안에서 대체 어떤 기쁨을 발견할 수 있을까? 무엇을 이뤄야만 기쁨을 느낄 수 있다는 말은 삶에 대한 예의와 인간에 대한 이해가 가장 부족한 말이다.

오늘 주어진 하루 재미있게 살기

무영 한번은 개그맨 유세윤 씨가 〈라디오스타〉에 나와서 눈물을 보인 적이 있어요.

"무엇이 될까 생각하는 게 행복했던 때가 있었는데, 이제는 그 무엇이 된 겁니다. 앞으로 뭐가 될까가 궁금하지 않아요."

이 말을 들으면서 그토록 바라던 개그맨으로서 성공을 이룬 결과가 공허함이라는 게 새롭게 다가왔어요. 꿈을 직업이나 유명세로 규정지어버리면, 꿈을 이루었을 때 마치 산 정상에 올라 더 이상 오를 데가 없고 내려갈 길만 남은 것 같은 느낌이 들 것 같아요. 그래서 저는 꿈을 좌우명과 연결 지었어요. 제 삶의 방향이 곧 꿈인 거죠.

"사람들과 함께하면서 선한 영향력을 나의 주변, 지구에 펼치는 삶을 살자."

방향을 정하고 나니 삶이 점이 아니라 곡선으로 느껴졌어요. 좌우명은 어느 한순간 반짝 이루는 게 아니라 방향일 뿐이니까요.

지우 2020년 2월, 혼자 일본을 여행하다가 영화감독 봉준호의 아카데미 수상 소식을 듣고 태어나서 처음으로 부러움과 열등감, 시기, 질투를 느꼈어요. 내가 잘하고 좋아하는 분야에서 크게 성공한 사람이 너무나 부러우면 마음이 슬퍼지기까지 할 수 있다는 걸 최근에야 알게 된 거죠. 이런 게 건강한 감정인지는 모르겠지만 그 덕분에 내가 어떤 방향으로 가고 싶은지에 대한 단초를 얻기도 했죠.

'내가 좋아하는 것이 무엇인지 아는 것'이 삶을 통틀어 가장 중요하다고 생각해요. 이게 꿈과 진로의 의미에 더 가깝지 않을까요? 좁게 보면 책이나 영화, 패션, 음식이나 연예인에 대한 취향, 넓게 보면 사람, 그중에서도 애인, 생각하는 방식, 살아가는 방식에 대한 취향이 중요하죠. 취향이 뚜렷하다는 건

'효율성'으로 연결되기도 합니다. '딱 봐도' 내 취향이 아닌 영화에 돈과 시간을 쓰지 않아도 되잖아요. 나랑 맞지 않는 사람들과 연애하지 않을 수도 있고요.(웃음) 한정된 시간과 자본을 이용해 최고의 만족감을 선사하는 경험만 골라 할 수 있게 해주는 것이 취향이고 그래서 중요하다고 생각합니다.

실은 저는 20대 중반이 되었어도 제 앞날을 여전히 잘 모르겠고 두렵고 그래요.

'지금 학교를 그만둘 수도 있을 텐데….'

'정치가 아니라 예술을 좋아했다면 예술을 배우러 딱 맞는 어딘가로 떠날 수도 있었을 텐데….'

늘 이런 생각들을 하고 있죠. 저는 평론가가 되고 싶어 딱 평론가가 될 만큼만 노력을 했어요. 어쩌면 개그맨 유세윤 씨가 겪은 허탈함을 곧 느낄지도 몰라요. 나한테 그 다음이 있을까를 생각합니다. '언젠가는 평론을 딛고 일어서 나의 것을 만들 수도 있을까?' 하는 생각을 합니다.

무영 저는 진로와 관련해서 비교를 하기도 하고 좌절도 많이 겪었어요. 외국어고등학교를 나왔고 한국식 영어교육이더라도 10년 넘게 배웠는데, 영어를 거의 제대로 공부한 적 없는 친형이 저보다 프리토킹을 잘하는 걸 보고 놀라고 허탈했어요. 형이 원래 말도 잘하고 글도 잘 쓰긴 했는데, 영어까지 그렇게 자연스럽게 잘할 줄은 몰랐거든요. 공부한 절대적인 시간으로 보자면 제가 훨씬 많을 텐데, 언어적 재능으로 저보다 잘하는 모습을 보니 무지 부러웠어요.

스펙 면에서 비교하게 되는 것도 있어요. 저는 인턴도 아직 해본 적 없고 대외활동이랄 것도 해본 적이 없거든요. 그래서 이런 경험을 많이 쌓은 또래 친구들을 보면 나는 그동안 뭐 했나 싶기도 하고 과연 내가 이 치열한 취업시장에서 살아남을 수 있을까 하는 걱정도 들어요. 그런데 그것에서 벗어나는 길은 회피하지 않고 그냥 받아들이고 발전하는 방법밖에 없더라고요. 나도 똑같이 대외활동에 인턴경험 쌓는 식이 될 수도 있고, 나만의 경쟁력과 스펙을 쌓는 방법이 될 수도 있겠지요. 저는 책 읽고 블로그에 글 쓰면서 나름대로 저만의 느낌과 생각들을 쌓아가려고 해요. 어차피 신입이라면 일하는 능력은 비슷할 테니 더 멀리 내다보는 능력과 일하는 태도를 잘 갖추자는 거죠. 이런 생각을 가지고 저만의 방식대로 스펙을 쌓으니까 화려한 스펙을 가진 친구들을 보더라도 딱히 조급해지지 않고 부럽지도 않게 되었어요.

재혁 저는 정말 어른들에게 궁금할 때가 많아요. 꿈이 있었는지, 과정은 어땠는지, 실패와 좌절을 할 때마다 무엇이 힘이 됐는지 말이죠. 이른바 엄청 성공했다는 사람들 이야기보다 묵

묵하게 자신의 길을 걸은 사람들의 이야기가 궁금해요. 지금 저는 20대 중반인데, 저의 30대 중반과 40대 중반이 어떨지 상상이 안 가요. 분명 잘하는 걸 해야 제 기준이든 사회적 기준이든 성공할 텐데 정말로 좋아하는 것만 따라가도 괜찮을까 의구심이 들기도 하죠. 아마 제가 진짜 좋아하는 게 뭔지 모르거나 제 자신에게 확신이 없어서 이런 생각이 드나 봐요.

다솜 저도 그 부분을 고민한 적이 있어요. 대학도 좋아하는 걸 맘껏 공부하기 위해서 가는 게 아니라 사회 노동력으로서 기능을 높이기 위해서 가는 게 아닌가 하는 의문이 들어서 바로 진학하지 않았거든요. 제 주변에는 대학에 간 지인들보다 가지 않은 지인들이 많아요. 잠시 같이 일했던 동료가 있는데, 그는 학교에서 경험했던 여러 가지 활동을 기반으로 지역에 남는 것을 선택했고 쉬지 않고 지역 활동을 해 경험이 쌓이니 이제는 전문성까지 완벽하게 갖췄어요. 자신이 지역에서 필요하다고 생각한 분야로 창업도 하고 주변 청년들을 지역으로 불러서 함께 협업하는 활동도 하고 있어요. 게스트하우스 운영, 지역 축제 기획자, 프로그램 기획자, 청년들의 길잡이 역할, 소통 플랫폼, 디자이너, 창작자 등 많은 수식어가 자연스러운 사람입니다. 그가 하는 일을 대학에서의 전공으로 고르자면 고를 수 있을까요? 엄청 다양한 분야를 섞어야 전공을 정할 수 있을 것 같아요. 말 그대로 복합문화예술인! 만약 그가 대학을 진학했다면 지금 같은 삶을 살 수 있었을까 하는 이야기를 가끔 나눠요. 자신이 선택한 삶과 방식을 밀고 나갈 수 있고 지속할 수 있으며 다른 사람에게도 당당하게 이야기할 수 있는 자신감이 지금의 그를 만들었다고 생각해요. 직접 몸으로 부딪히고 피부로 느끼면서 배운 전문성은 실제 위기 상황에 빛을 발하잖아요.

'나는 내가 살고 있는 지역을 사랑한 적이 있던가?'

그와 함께 일하며 이런 생각이 들었고, 지역을 위해 고민하는 사람의 모습이 어떠하다는 걸 알았어요. 자신이 살고 있는 터전을 풍요롭게 만드는 일에 망설이지 않고 도전할 수 있는 용기를 가지고 있지요. 그는 미래에 대해 거대한 계획을 가지고 움직이기보다 지금 당장 할 수 있는 일 혹은 하고 싶은 것들을 실행하면서 전문성을 키웠고 무엇보다 일상을 아주 재미있게 살아요.

아현 유재석 씨가 이런 말을 자주 해요. 자기는 목표가 뚜렷했던 적이 없고 그저 오늘 주어진 일을 재미있게 한다고요. 그 말에 대해 친구들과 이야기를 나누면서 엄청 위로를 받았어요. 어쩌면 우리가 지금의 자신에게 집중하는 법을 몰라서 미래의 자신에게도 집중하지 못할까 봐 조바심이 나는 것 아닐까요? 결국 꿈은 미래를 위해서 꾸는 게 아니라 현재를 위해서 꾸는 것이고, 매일매일의 자신을 사랑하면서 살아야 한다는 생각을 많이 하게 됩니다.

다솜 미래에 어떤 일을 하고 싶은가보다 지금 어떤 경험을 원하는지를 먼저 탐색하는 게 중요하다고 봐요. 뭐든 해봐야 아는데 뭘 해보게 하기는커녕 "자, 일단 그래서 넌 뭐가 되고 싶은데?"라고 묻는 건 무책임한 거잖아요. 해보고 싶은 걸 해보고, 망해도 보고, 작은 성공도 해보면서 '아, 그나마 이걸 하면 난 좀 더 행복하겠구나.' 하고 느끼면 좋을 것 같아요. 진로라는 건 결국 내 삶의 방향성을 정하는 거고, 단순히 직업보다는 어떤 모양새로 내 삶을 꾸리겠다는 결심을 하는 거라고 생각해요. 그러니까 나의 행복과 불행을 알면 도움이 돼요.

소확행이라고, 소소하고 확실한 행복이라는 말 있잖아요. 내가 일상에서 무엇에 작은 행복을 느끼는지 찾아보게 했던 단어예요. 그런데 소소하고 확실한 불행을 아는 것도 중요한 것 같아요. 무엇이 나를 불행하게 하는지 아는 것! 나의 행복과 불행의 원인을 알면 자신이 어떤 사람인지 더 잘 알 수 있어요.

'카르페디엠(지금 살고 있는 이 순간에 충실하라는 뜻의 라틴어)'. 누군가의 강연이나 책을 통해서 들어봤을 이 말은 단순히 명언이 아니라 삶의 정수라고 할 수 있다. 과거-현재-미래 중에서 과거는 이미 지나가서 다시 살아낼 수 없고, 미래는 아직 안 왔기 때문에 가져와 살아낼 수 없다. 우리가 살아낼 수 있는 건 오직 '현재'이고, 이보다 확실한 건 없다. 정체를 알 수 없는 미래로부터 쫓기듯이 오늘을 살아가면서 나라는 존재는 오늘에도 미래에도 존재하지 않는 그 어느 경계에 불안하게 서 있다. 다섯 명의 청년들은 이야기를 나누는 내내 청소년 시기의 '오늘'에 덜 집중했다는 것을 아쉬워했다. 무영은 사회와 주변에서 가장 바라는 모습인 학교-학원-집만을 오가며 여가시간은 게임으로 채우는 청소년기를 보내면서 저절로 꿈 앞에 도달해 있기를 바랐지만 여전히 막연한 꿈이라는 단어 앞에서 방황할 수밖에 없었다.

꿈은 미래에 잘 살기 위해서 꾸는 게 아니라, 현재를 잘 살기 위해서 꾸는 것이다. 꿈으로 인해 현재를 살아가는 활기와 원동력을 얻는다면 꿈은 그 역할을 가장 잘해내고 있는 것이리라. 혹시 꿈이 현재를 괴롭히고 불안하게 하고, 있고 없음 또는 이룰 가능성에 따라 자존감을 공격하고 있다면 그 꿈은 한참 잘못된 역할을 하고 있는 셈이다. 내 삶에 꿈이 한 축의 에너지로 작동할 수 있지만, 내가 꿈의 소모품이 되지 않기를 바란다. 여러분이 살아가고 있는 오늘이, 여러분에게 가장 중요한 시간임을 기억했으면 한다.

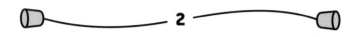

가족이라는
응원과 속박

부모와 자녀의 관계에 있어 여러 의미에서 가장 절정에 이르는 시기는 자녀가 사춘기에 접어드는 시기일 것이다. 부모들은 자녀가 사춘기에 들어서면 겁내고 어떻게 대해야 할지 몰라 답답해하면서도 부쩍 잔소리가 늘어난다.

"우리 아이한테 사춘기가 온 것 같아요. 하루하루가 살얼음이에요. 괴물 같아요."

그래서 부모교육 중에 '사춘기 자녀와의 대화법'이라는 주제가 인기를 끌기도 한다. 부모들은 자신이 거쳐 온 사춘기에 대한 기억을 잊거나 미화하고 지금 세대의 10대가 유독 더 감당하기 힘들고 심각한 것처럼 이야기한다. 10대에 대한 부정적인 사회 인식이 고정화됨에 따라 가장 가까워야 할 가족 관계의 간극이 더 벌어지고 있다.

10대 중후반이 되면 청소년들은 생각이 더 뚜렷해지고 자신이 하고 싶거나 하기 싫은 것이 분명해진다. 이는 한 사람에게 분명 긍정적인 성장의 신호다. 하지만 이때부터 자기 마음에 충실하게 나아갈 방향을 설정하는 자녀와, 여전히 자녀를 어리게 보고 자신의 방식을 강조하는 부모 사이에 갈등이 일어나게 된다. 부모와 자녀 사이에 가장 많이 일어나는 갈등 지점은 진로라고 할 수 있다. 부모가 살아온 경험과 세월을 합한 값과 자녀가 하고 싶은 것과 미래를 가늠해보는 합이 다르기 때문이다. 아동·청소년은 자신이 선택한 환경이 아니라 부모라는 환경의 영향을 받을 수밖에 없기에 자신의 마음이 가리키는 방향으로 마음껏 가기 어렵고, 그러할 때 안타까움과 무기력, 좌절을 경험한다.

결국 부모와 자녀는 별개의 인격체로 독립하는 과정을 거치면서 서로 간의 관계가 성숙해지고 성장한다. 가장 사랑하는 관계지만 가장 독립이 필요한 관계이기도 하고 서로가 독립적으로 마주할 때 이상적인 소통이 가능해진다. 청소년 시기에 부모의 지지와 격려 그리고 신뢰는 든든한 초석이 된다. 또한 자녀 입장에서 부모 역시 한 사람으로 자신의 삶을 최선을 다해 살아내고 있다는 것을 존중하고 이해하는 마음도 필요하다.

청소년 시기에는 법적으로 사회적으로 누군가의 보호 아래 놓여 있다. 여기서는 부모라는 단어를 사용하고 있지만 가족의 형태는 다양하며, 한 아이가 잘 성장하기를 바라는 마음은 모두가 공통되게 지니고 있다. 그러나 부모를 포함한 보호자 역시 자신이 경험한 성장방식이 몸에 배어 있고 어떻게 표현하는 것이 진정 도움이 되는지 막연한 가운데 각자의 현실은 매일매일 흘러간다. 가족이라는 연대 속에서 우리 청소년들은 충돌하는 것들을 어떻게 승화하며 성장할 수 있을까 고민하게 된다. 이런 고민과 물음을 안고 20대의 청년들은 부모와의 관계에서 무엇을 수용하고 무엇을 독립하면서 살아왔는지 들어보기로 하자.

보호와 안전 VS 간섭과 통제

무영 올해 눈이 많이 내리는 겨울날이었어요. 한라산을 가려면 자동차 바퀴에 스노체인을 장착해야 하는데 방법을 몰라서 아버지랑 둘이 사전 연습을 해보기로 했어요. 주차장에서 연습을 하는데 아버지가 옆에 계시니 '아버지가 해주시겠지'라는 마음에 그냥 가만히 있게 되더라고요. 사실 부모님 앞에서 무언가 하려고 하면 신경이 쓰여서 잘되던 것도 안 되고, 결국 부모님이 "나와 봐, 아빠가 해줄게." 하고 끝이 나잖아요. 그때 느꼈죠. 부모님이랑 계속 같이 있다 보면 부모님에게 당연하게 의존하게 되겠구나, 하고요.

가족과 함께 살면 가족과 함께 보내야 하는 시간이 반드시 생겨요. 요즘은 코로나 상황 때문에 아버지와 할머니랑 같이 살고 있는데요, 할머니와 아버지는 점심, 저녁식사를 되도록이면 가족이랑 함께 해야 한다고 생각하세요. 만약 공부나 작업을 하던 중이라도 중간에 멈추고 함께 식사를 해야 해요. 저는 치킨을 엄청 좋아하는데 집에서 치킨을 시켜 먹으려면 먹기 몇 시간 전이나 전날에 사전 공지를 해야 해요. 그러지 않으면 할머니께서 이미 식사 준비에 들어가셔서 "이거 다 준비했는데 그냥 먹자!"라고 하시거든요. 가족과 함께 살다 보면 본의 아니게 의존하게 되거나 내가 하고 싶은 것들을 자유롭게 하지 못하는 한계를 느끼게 됩니다.

아현 저는 청소년 때 부모님의 보호 아래 금지되는 것들이 많아서 당연히 어른의 삶이 자유로워 보였어요. 중고등학생 때만 해도 컴퓨터 게임을 두 시간 넘게 하면 너무 많이 했으니 그만하라는 말을 매일 들었어요. 그래서 몰래 컴퓨터 전원을 켜고 본체가 어느 정도 뜨거워졌는지 확인하면서 게임을 했다니까요.(모두 웃음) 또 게임을 하려면 부모님께 허락을 받아야 했는데 안 된다고 하는 날에는 그게 너무 싫어 기분이 상하곤 했어요. 부모님과 감정적으로 다툰 날이 잦았고 마음이 여린 저는 이불 덮고 울기 바빴어요. 부모님은 정말 내 마음을 하나도 모른다는 생각이 들었어요.

제가 친구와 놀다가 조금이라도 늦게 들어가는 날이면 부모님은 "어디 있니?", "언제 올 거니?" 하고 문자와 전화로 수없이 연락을 하셨어요. 알아서 잘 들어갈 건데 왜 이렇게 집에 오라고 다그치는 건지 정말 이해할 수 없었어요. 저희 집은 친구네보다 유독 간섭이 심했거든요. 매일 똑같은 친구와 노래방 갔다가 카페 들렀다 밥 먹고 헤어지는 뻔한 일정인데도 빗발치듯 연락을 하니 귀찮게만 느껴졌죠. 그런데 대학생이 되고 20대 중반이 된 지금도 부모님은 똑같으세요. 세상을 믿지 못해 그러는 거라고 하시는데 자취나 결혼을 해야 좀 괜찮아지실 것 같아요.

재혁 아현님 말을 들으니까 부모님들이 딸과 아들을 대하는 게 조금은 다를 수 있겠다는 생각이 들어요. 저는 남자 형제 둘이다 보니 부모님이 별로 간섭을 안 하셨어요. 생활에서 하나하나 간섭을 하지는 않았지만 저희는 가족회의를 정말 많이 했어요. 매주 토요일이면 무조건 가족회의. 그 시간에 정말 긴 대화를 나누는데 가족회의라고는 하지만 돌이켜보면 결국 어머니의 언변에 설득되는 시간이었던 거죠.(모두 웃음) 제가 방황하는 기색이 있거나 진로 문제를 두고 부모님과 생각이 다르면 평화롭고 동등하게 가족회의를 하고 부모님과 일 대 일로 상담을 하는데 주로 제가 설득을 당하는 쪽이었어요. 그래도 다행인 것은 부모님이 일방적으로 대화하기보다는 사람 대 사람으로 존중해주셨어요. 제가 하는 얘기도 끝까지 경청하고 마음도 토닥여주고 그러면서 무엇이 중요한지를 볼 수 있게 해주셨지요. 저도 나중에 부모가 된다면 저희 부모님처럼 할 것 같아요. 그러려면 어머니처럼 언변이 좋고 설득을 잘하는 배우자를 만나야 할 거 같아요.(웃음)

지우 저는 개인의 취향도 부모님한테 영향을 받는다고 생각해요. 어릴 적부터 부모님과 여행을 많이 다녔거든요. 그 경험에서 좋은 기억이 많아서 시간만 되면 여행을 다니게 됐고, 경제적 독립을 하고부터는 아르바이트를 하거나 칼럼을 써서 번 돈을 모두 여행에 쏟아 붓고 있어요. 이런 삶을 좋아하고 그게 저에게 잘 어울리기도 해서 전혀 아깝지 않아요. 그런데 만약 부모님으로부터 경제적 독립을 하지 않았다면 이렇게 마음껏 제가 하고 싶은 대로 하지 못했겠죠. 스무 살이 되면서는 독립을 하고자 했고 그게 제 삶에 가장 좋은 결정이었다고 생각해요.

부모님은 제가 하는 일을 지지해주시는 쪽이었는데 그렇게 되는 데는 언니라는 존재가 큰 역할을 했어요. 언니에게 원하는 결과를 다 얻으셨거든요. 언니가 외국어고등학교를 입학해주어서 저는 더 다양한 경험을 할 수 있게 혁신학교를 허락해주신 거죠. 혁신학교는 제가 가고 싶어서 부모님한테 말씀을 드린 거예요. 반면에 언니는 간섭도 많이 받고 기대도 많이 받아서 부모님의 마음을 충족시키느라 힘들었을 것 같아요. 제 경험으로는 자녀는 부모와 적당한 거리를 유지하면서 자신의 인생을 책임져야 한다는 생각을 갖는 게 가장 좋은 관계를 유지하는 방법 같아요. 그리고 저는 이 거리를 정서적 자율성과 경제적 독립을 갖추면서 획득할 수 있었다고 생각해요.

가족은 일상을 함께 살아가는 사이라고 정의내릴 수 있다. 서로의 일상에 대한 존중과 통제, 말하지 않아도 느껴지는 서로가 갖는 의식과 시선 등이 부담, 의존, 독립의 형태로 얽혀 있다. 부모님과 같이 사는 동안은 보호받는 틀 안에서 안전하기도 하지만 그렇기 때문에 눈치를 보기도 하고 기대를 충족해야 한다는 압박도 받는다. 청소년들이 겪는 부모와의 관계는 모두 천차만별이다. 부모와 자녀의 성향에 따라 일상에 대한 개입이나 압력의 정도가 다르다. 하지만 이런 차이와 상관없이 한 가지 분명한 지향이 있다면, 모든 자녀들이 부모에게서 독립해가는 과정이 필요하고 온전한 독립이 이루어졌을 때 비로소 '어른'이 된다는 것이다. 여기에서 독립이란, 경제적 독립과 정서적 독립 모두를 말한다. 진로에 있어서도 부모의 기대와 바람을 넘어 내가 진정 살고 싶은 삶이 어떤 것인지 스스로 숙고하는 힘이 필요하다.

익숙한, 때로는 서툰 사이

다솜 성인이 되고 나서 모든 행동에는 나름 이유가 있다는 것을 알게 되었습니다. 그때 그 선생님도 우리 부모님도 다 그랬던 이유가 있겠구나 싶었어요. 제가 좋아하는 변영주 감독님이 '훗날 자녀에게 이해받을 수 있는 부모는 다 괜찮은 부모다'라는 식의 말을 한 적이 있는데 고개가 절로 끄덕여지더라고요. 자녀가 이해한다면 그건 나름의 이유가 있다는 거니까요. 나이가 들수록 어린 시절에 본 어른들 행동 가운데 이해되는 것이 많아지고 있어요.

'그때 아버지는 얼마나 슬프고 두려웠을까?'

'어머니도 처음 겪는 일이라 정말 힘들었겠지? 얼마나 자책을 했을까?'

'그때 그 선생님도 내게 모진 말을 하고는 집에 가서 후회했겠지. 어린 존재에게 그렇게 했다는 것 때문에 자신이 싫어졌을 수도 있어.'

이런 것들이에요. 연민이라기보다는 같은 인간으로서 갖는 동질감이라는 표현이 더 맞겠어요. 모든 행동이 다 괜찮았다는 건 아니지만, 그런 행동을 하기까지 느꼈을 마음과 감정을 이제는 많이 받아들일 수 있게 됐어요. 어린 시절에는 '어른이 왜 저래?' 싶은 구석이 많았는데, 나이가 들고 알게 된 건 시간이 흐르고 나이가 들어도 여전히 누구에게나 어린애 같은 부분이 있다는 겁니다.

아현 어느 날은 아빠와 대판 싸우고 아빠가 엄청 미웠던 적이 있어요. 너무 화나는 마음에 저는 엄마를 불러내 둘이서 집 근처 카페로 갔죠. 아빠와 진로에 대해 진지하게 대화를 나누고 싶었는데 도저히 통하지 않는 게 서러워서 엄마한테 하소연을 했어요.

"우리가 아들딸로서 배워야 할 게 있듯이 엄마 아빠도 부모로서 자녀를 어떻게 키워야 할지 고민하고 관심을 가져야 한다고 생각해. 또 엄마 아빠가 우리와 세대 차이가 나는 건 알지만 그걸 좁혀가려 노력이라도 해야지. 나는 대화하려고 하는데 아빠는 그래주지 않잖아."

속상한 마음에 따지듯이 털어놨죠. 그러자 엄마는 제 마음을 받아주었어요.

"네 말이 맞아. 우리 세대와 너희 세대는 달라서 우리도 이해하고 배워가야 해. 부모도 자녀에 대한 공부가 필요하지."

저는 커피 잔으로 눈길을 돌리는 엄마 얼굴을 보고 혼자 깊은 생각에 빠졌어요. 어쩌면 엄마와 아빠도 처음이라 잘 몰랐던 게 아닐까, 우리를 먹이고 입히고 키워내느라 바빠서 그랬던 게 아닐까 하는 생각이 들었어요. 하긴 저도 딸로 사는 인생은 처음이라 부모님과의 사이는 익숙하기도 하지만 항상 서투르니 말입니다.

재혁 저는 가족과 같이 살고 일도 같이 하다 보니 자기 삶을 살기가 시간적으로, 환경적으로 제한되더라고요. 자기 삶을 살아본 경험이 있는 사람이라면 가족과 같이 살아도 어느 정도 흔들림 없이 자기 삶을 살 수 있을 것 같아요. 나만의 공간과 시간, 주체적인 생각을 지켜가면서 조화롭게 가족과 함께 살아가는 거죠. 하지만 10대와 20대에는 자기 삶을 살아본 경험이 절대적으로 부족하잖아요. 그래서 자기 삶을 온전히 살아볼 수 있도록 부모님과 떨어져서 살아보는 경험이 필요하다고 생각해요. 독립을 했을 때 끌려다니는 삶이 아니라 주체적으로 살수 있는 기회가 많이 생기는 것 같아요.

무영 제 친구 이야기인데요, 사춘기여서 갖게 되는 낯선 감정기복과 생각을 가족들에게 말했는데, 진지하게 듣고 같이 생각해주는 게 아니라 "지금 사춘기라서 저런다~ 시간 지나면 괜찮아지겠지." 하는 반응을 보였대요. 마치 사춘기를 일시적으로 찾아온 감기 같은 걸로 보는 것 같아요. 친구는 가족이 공감해주고 함께 고민해주길 바랐는데 외면당한 거죠. 공감 받지 못한 친구는 그대로 방에 들어가서 혼자 울며 시간을 보냈대요. 성숙한 존재로 나아가는 과정이 가볍게 여겨지고 부정당한다면 청소년들은 얼마나 혼란스러울까요? 안타까워요. 저도 그 친구처럼 가장 가까운 가족에게 외면당한다면 아마도 제 자신을 탓하며 가족과 소통을 단절하고 비관에 빠질 것 같아요.

혹시 지금 사춘기를 지나고 있는 분들이 있다면 박수를 치면서 축하드리고 싶어요. 자아정체성과 가치관이 형성되고 있다는 증거니까. 부모님이나 선생님들도 '애가 왜 이렇게 따박따박 말대꾸야.'라고 생각하지 마시고 '우리 애가 잘 크고 있구나.' 하며 하나의 독립적인 존재로서 존중해주고 대화를 청해줬으면 해요.(모두 고개 끄덕끄덕)

그리고 지금 저도 노력하고 있는 건데, 가족도 똑같이 타인으로 보려고 해요. 가족에게도 말과 행동에서 어느 정도 선을 지키려 하는 거죠. 가족이라는 이유만으로 서로에게 상처를 주면 안 되잖아요. 다른 사람을 대할 때 어느 정도 예의를 갖추듯이 가족에게도 그러려고 의식적으로 노력합니다.

다솜 한 사람에게 살아가면서 가장 중요하다고 생각되는 게 독립입니다. 고등학교 때부터 기숙사 생활을 했고 졸업 후에 곧바로 자취를 시작하며 부모님과 떨어져서 살게 된 게 제가 독립을 일찍 할 수 있는 비결이었어요. 저는 제 삶을 스스로 꾸려가면서 해방감을 느꼈어요. 내가 원하는 대로 내 삶을 만들어갈 수 있었거든요. 사실 집에 있다 보면 부모님이 밥도 해주시고, 집안일 다 해주시잖아요. 나 스스로 무언가를 할 기회도, 딱히 해야 할 동기도 찾기 힘들어요. 독립을 하면 의식주에서의 자유뿐만 아니라 의사결정을 할 수 있는 권한도 생기는데요. 저는 오롯이 제가 판단하고 저의 힘으로 삶을 살아가보고 싶었어요. 어려움이 닥쳐도 제가 직접 해결하는 거죠.

일을 하다가 중대한 사안에서 잘못된 판단을 내려 비판을 받고 동료들과 갈등이 일어난 적도 있어요. 이때도 만약 다른 누군가에게 결정권한을 넘겼다면 저는 욕을 먹지 않았을 수도 있었을 거예요. 하지만 그랬다면 온전한 경험과 배움을 얻지 못했을 겁니다. 음식점 예약도 처음이 어렵지, 몇 번 하다 보면 어떤 사항을 체크해야 하는지 깨닫고 잘하게 되잖아요. 그 누구에게도 의존하지 않고 미숙할지라도 제 판단으로 헤쳐 나갔던 경험들이 정말 소중한 자산이 되었어요.

부모가 간섭이 심하든 자유를 허락하든 근원이 사랑이라는 건 분명하다. 말 그대로 '잘되기를 바라는 마음'은 진심이기 때문이다. 부모님 역시 한때 자녀의 자리에 있었고 청소년기를 보냈다. 그렇기에 자신이 살아온 방식을 바탕으로 오히려 더 많은 통제와 간섭을 하기도 하고, 자신이 옳다고 생각하는 방식을 강요하기도 한다. 그러나 부모로서 살아가는 것도 쉬운 일이 아니라는 걸 우리는 안다. 자신의 삶도 있고, 매일매일 해야 할 일도 있고, 부모로서 해야 할 역할도 있고(어쩌면 많고)…. 어느 부모나 주어진 역할 모두를 잘해내고 싶게 마련이다. 그것이 오히려 영역 침범으로 이어져 갈등의 도화선이 되는 게 아니겠는가.

가족 구성원 개개인이 일상에서 서로 무엇이 불편하고 무엇을 원하는지 대화를 더 많이 나눠야 함에도 '가족'이라 더 많은 생략을 한다. 부모 입장에서는 사춘기라서 그렇다거나 반항하는 거라는 생각을 내려놓고 한 사람의 '의견'을 경청하고 존중하는 게 필요하고, 자녀 입장에서는 자신의 마음을 최대한 자세히 전달하려는 시도가 필요하다. 자신의 생각과 입장만 고수할 때 오해가 더욱 깊어지고, 골이 깊을수록 어디서부터 시작해야 할지 실마리를 찾기 어려워진다. 부모는 자녀의 일상을, 자녀는 부모의 일상을 응원하고 지지하는 사이가 가장 이상적인 사이가 아닐까?

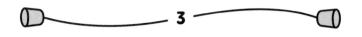

우정과 갈등
그리고 학교폭력

우리나라 청소년 대다수는 공교육 학교 시스템을 통해서 학급 배정을 받고, 같은 반 또래들과 친구관계를 형성하며 살아간다. 그 안에서 자연스럽게 결이 맞는 친구들끼리 무리를 짓고 다양한 친구관계를 경험하면서 인간관계를 배우고, 인간관계를 맺으면서 나타나는 자신의 성격과 반응을 통해 스스로를 형성해간다. 인간관계의 여러 결을 경험해보는 것은 좋은 일이며 진정한 우정에 대해 생각해볼 기회이기도 한다. 그러나 한편으로는 정해진 공간 안에서 친구를 만들어야 하는 부담과 스트레스도 작용한다. '새 학년 증후군'이라는 이름이 붙여질 정도로, 반에 배정되어 새로운 친구들을 만나야 하는 3월이면

학교 가는 걸 두려워하는 청소년들이 많다는 것이 이를 증명한다. 학교를 그만두고 홈스쿨링 형태의 공부를 하는 청소년들은 친구들과의 관계가 끊어지는 것을 가장 두려워하며 새로 친구를 사귈 기회가 없을까 봐 걱정한다. 동시에 친구관계가 학교를 그만두는 큰 요인이 되기도 하며, 대안학교에서도 가장 큰 스트레스로 친구관계가 꼽히기도 한다. 이런 또래와의 갈등은 그 자체도 힘겨울 뿐 아니라, 자기 자신의 가치를 의심하거나 추후에 다른 사람과 인연을 맺는 과정에서 마음을 미리 닫아버리는 단초가 되기도 한다.

또 최근에 더욱 두드러지고 있는 학교폭력은 우정과 갈등의 차원을 넘은 심각한 상처와 트라우마를 남기고 피해자들의 인생에서 가장 힘든 기억으로 남는다. 연예인 학교폭력 가해자 폭로 사태가 이어지면서 많은 것들이 달라질 수 있을까 하는 희망을 가져보지만 아직도 너무 많은 청소년들이 우정과 폭력에 대해 정의내리지 못하고 교묘한 괴롭힘 속에서 힘들어하고 있다. 청년들과 인터뷰하면서 놀란 것은, 거의 모두가 한 번씩은 학교폭력이나 학교폭력에 가까운 괴롭힘과 갈등 속에서 마음고생을 한 경험이 있다는 것이었다.

친구와 잘 지내는 것은 아주 중요한 삶의 한 축이지만, 그것이 나 자신을 내어주어야 지속되거나 내 삶의 일부를 침해하고 있다면 시간이 해결해줄 거라며 참을 일이 아니라 지금 당장 해결해야 할 문제임을 알아차려야 한다.

긴장과 성장 사이, 친구

청소년들을 만나면서 실제로 가장 많이 듣게 되는 현재의 고민은 진로보다 친구관계다. 진로는 아직 다가오지 않은 미래의 일이라면 친구관계는 지금 살아가고 있는 현재의 일이고 날마다 찾아오는 일상이기 때문이다. 친한 친구가 없을 때 느끼는 소외감, 친한 친구와 멀어지는 과정에서 겪는 갈등 그리고 직접 드러나지 않는 은근한 따돌림에서 상처가 큰 학교폭력에 이르기까지 청소년들이 경험하는 인간관계는 어른들이 짐작하지 못할 만큼 광범위하고 감정 소모가 크다.

학년이 바뀌는 1학기가 되면 친했던 친구들과 반 배정이 달라지는 게 너무나 큰 스트레스라고들 한다. 쉬는 시간마다 다른 반에 있는 단짝 친구에게 달려가지만, 그러다 보면 자신이 속한 반 아이들과 친해질 시간도 놓치게 되고 단짝이던 친구가 그 반 아이들과 어느새 친해지기라도 하면 허탈함을 느낀다고 말한다. 이런 경험이 반복되면서 친구를 사귀어도 깊게 사귀기가 어렵고 새 학년이 되면 누구와 친해져야 1년이 편할까 물색하느라 눈치게임을 하는 것 같다고 표현하기도 한다.

지우 학교 다닐 때는 쉬는 시간과 급식시간을 함께 보낼 단짝 친구나 무리가 중요하죠. 수업시간에도 큰 의지가 되고요. 그래서 잘 통할 것 같은 친구들을 물색하고, 서로를 알아보고, 친해지는 것이 학기 초 가장 중요한 미션으로 여겨지는 것 같아요. 특히 고등학교에서는 공부 스트레스가 심할 때 가장 힘이 되어주는 게 친구거든요.

그런 면에서 저는 행운아에 속해요. 제가 다닌 고등학교가 혁신학교여서 수업시간에 토론이나 조별 활동을 많이 했거든요. 물론 적극적인 아이와 가만히 있는 아이, 호응만 하는 아이, 조용히 있다가 문제해결을 하는 아이 등 다양한데, 서로 얘기할 기회가 많이 주어지니까 반 아이들 모두와 두루두루 잘 지내게 됐어요. 같은 반이 되면 1년 동안 어쩔 수 없이 함께 지내야 하는데 서로 알아가는 시간이 충분히 주어지면 그 안에서 자연스럽게 어울리게 되는 것 같아요.

다솜 저는 친구가 많고 친구들과 제법 잘 지내는 아이였어요. 그런데 그런 와중에도 늘 아슬아슬한 줄타기를 하는 느낌이 들었어요. 지금 잘 지내는 친구들과 멀어지면 어떡하지, 라는 마음에 항상 불안했어요. 초중고 시절에 한두 번씩 친구문제로 힘든 일이 있었어요. 내가 친구를 미워한다거나 친구가나를 미워해서 겪는 일들이요. 고등학생 때는 인생에서 나름거친 시기를 보냈는데 그것도 인간관계 때문이었어요. 제가 해결할 수 없는 이유로 저를 미워하던 사람이 있었거든요. 어떤이가 나를 미워하는데 내가 할 수 있는 건 딱히 없을 때 참 막막하고 좌절스럽더라고요.

재혁 저는 시골에서 초중고를 다니다 보니 다 동네 친구들이기도 하고 서로 웬만하면 아는 사이였어요. 학교 끝나면 학원에 가지 않는 애들끼리 몰려다니며 엄청 놀았던 기억이 나요. 동네 아이들과 다 친해도 결국은 맘 맞는 친구들끼리 다니게 되죠. 그렇다고 나와 안 맞는 친구들을 멀리하진 않아요. 그냥 시간이 맞으면 누구든 상관없이 같이 놀았고 그게 자연스러웠죠. 그러다 보니 친구가 전부이고 친구랑 놀기 위해 학교를 갔다고 할까요? 하하. 그런데 제가 살던 시골에서는 서열이 중요했어요. 선후배 사이도 그렇고, 기가 센 애들과 공부하는 무리, 그리고 좀 노는 아이들과 학교 성실하게 다니는 평범한 아이들로 나뉘었거든요.

무영 재혁님은 그중 어느 쪽이었어요? 공부하는 무리? 혹시좀 노는 아이들 쪽이었나요?(웃음)

재혁 하하, 저는 둘 다 아니었습니다. 일진은 따로 있었고요. 공부를 엄청 하는 쪽도 아니었는데 저는 동네에서 만만하게 보이기 싫어서 일진 친구들 옆에 있는 애였어요. 그렇다고 제가 일진 무리였다는 건 아니고요. 제 친구 일진도 다른 애들 때리고 다니는 일진이 아니라 기가 강해 보이는 아이들이었고 저는 그 친구들과 어울리는 1.5진 정도로 해둘게요. 아, 다른 아이들을 괴롭히는 1.5진이 아니었다는 걸 꼭 밝히고 싶습니다, 하하.

아현 1.5진, 와, 그 경험 부러워요. 저는 초등학교와 중학교 다닐 때 말 그대로 인싸였거든요. 친구들한테 인기도 많고 리더십이 뛰어나다는 말을 많이 듣고 늘 반장, 부반장을 도맡아 했어요. 나중에는 권력욕이 있나 싶을 정도로 학교와 학급 일에 정말 적극적인 아이였어요. 그래서 저는 친구관계에 전혀 문제가 없을 줄 알았어요. 그대로 쭉 고등학교 시절을 보내고 어른이 되어서도 계속 그렇게 살 줄 알았지요. 제가 다닌 고등학교는 일반 인문계 고등학교이고 중학교와 같이 붙어있어서 그 중학교를 나온 아이들 70%가 그 고등학교에 진학을 해요. 사는 동네도 서로 가까워서 고등학교에 가도 이미 서로 아는 사이인 거죠. 그래서 저처럼 다른 중학교를 나온 아이가 그 고등학교에서 적응하는 게 쉽지 않았어요. 고등학교 1학년 때

늘 해오던 것처럼 반장 선거에 나갔는데 제가 반장이 된 거예요. 그때가 지금까지 제 인생에서 가장 힘든 시기가 될 줄은 몰랐죠. 이미 친한 사이였던 같은 중학교에서 올라온 아이들은 저를 반장으로 인정하지 않았어요. 학급 일을 따라주지도 않고 완전 안티가 되어서 저는 매일매일 울면서 살았어요. 은근한 따돌림과 간접적인 조롱이나 뒷담화를 경험하면서 결국 반장 자리를 내놓고 인싸가 아닌 아싸가 되었어요. 정말 아픈 경험인데 그 덕분에 지금의 제가 소외된 사람들에게 관심을 갖게 된 거라 생각해요.

무영 아이고, 아현님 정말 힘들었겠어요. 저는 한 친구 덕분에 제가 많이 성장한 경험이 생각나요. 초등학교 3학년 때였는데, 반에 얼굴에 흉터가 있고 어딘가 좀 다르게 생긴 친구가 있었어요. 그 친구와 짝꿍을 하게 되었는데, 그냥 나도 모르게 이 친구가 싫은 마음이 불쑥불쑥 드는 거예요. 그래서 정말 유치하게 이랬죠.

"책상 선 넘어오지 마!"

그런데 한번은 그 친구 지우개가 넘어온 거예요. 그래서 아주 못되게 지우개를 커터 칼로 잘라서 던져버렸어요. 정말 못됐죠? 그랬더니 그 친구가 저를 바라보면서 이러더라고요.

"네가 날 싫어하는 건 알겠어. 하지만 나를 이렇게 대하진 말아줘."

그 친구가 그 말을 했을 때의 얼굴과 상황이 지금도 떠올라요. 내가 진짜 못된 짓을 했다는 걸 깨달았어요. '아, 내가 이러면 안 되는 거구나'라는 생각을 했던 것 같아요. 신기하게도 그날 이후로 그 친구가 새롭게 보이더라고요. 그 친구가 얼마나 선한 친구였는지 기억나요. 한번은 학교 도서관에서 마주쳤는데 자기 친구를 다정하게 소개시켜주더라고요. 그런 매너를 어디서 배운 걸까 하고 놀랐어요. 그 친구는 외모가 아니라 마음 크기가 다른 친구였어요. 제가 지금의 저로 성장하는 데는 그 친구의 역할이 조금은 있지 않았나 싶어요. 그만큼 인상 깊게 남은 기억입니다.

우리가 성장하는 데 있어 타인이 큰 영향을 주는 건 분명하다. 관계 속에서 내가 어떻게 행동해야 할지, 지금 이걸 어떻게 해석해야 할지, 내가 잘못된 사람은 아닐지 끊임없이 고민하게 되고 그 고민이 나를 성숙한 사람으로 키워준다. 그렇지만 꼭 경험이 많다고 해서, 어른이 되었다고 해서 절대로 저절로 인간관계에 능숙하고 성숙해지는 건 아니다. 인간관계에 성숙해지게 하는 건 경험의 수나 나이가 아니라 겪은 일을 통해서 무엇을 발견할 것인가를 자문해보는 힘이 아닐까?

가해자, 피해자, 그리고 방관자

　청소년들의 표현을 빌리자면, 친구와 사이가 좋으면 학교 생활과 일상생활이 마음 편하고 수월하게 돌아가는데 반대로 누군가가 나를 싫어하는 눈빛을 보내거나 힘들게 하면 생활이 정말 지옥 같다고 한다. 우리는 타인과 관계를 맺고 소통하고 갈등하는 과정에서 수많은 긴장과 혼란을 겪는다. 이런 경험을 통해 한층 성장하기도 하지만, 어떤 경험은 오랜 세월 마음앓이를 낳기도 한다. 청소년 시기를 갓 지나온 청년들은 청소년기의 친구관계를 통해 어떤 성장을 했을까? 혹은 아직 상처로 남아있는 기억이 있지는 않을까?

　따돌림, 소외의 경험, 학교폭력이라는 아픔. 이러한 것들이 한국사회에서 단번에 사라질 수 있을까? 수많은 전문가들이 고민을 거듭하고 학교폭력 정책은 날이 갈수록 강력해지지만 아직도 학교 내부에서 이런 상황에 처해 있는 청소년들에게 일상은 두려움 그 자체다. 크고 작은 일들 속에서 누구나 가해자나 피해자, 방관자 혹은 그 경계가 선명하지 않은 어떤 축에 속하게 된다. 그 어디에 속하든 누군가의 경험을 듣고 공감하며 나를 구출하기 위한 힘을 낼 수 있을 거라 생각한다. 내가 가해의 위치에 있다면 스스로 성찰하고 멈출 수 있는 힘을, 내가 피해의 위치에 있다면 누군가에게 도움을 요청하고 더 큰 위협으로부터 자신을 지켜낼 힘을, 내가 방관의 위치에 있다면 문제를 지나치지 않는 작은 용기를 발휘할 힘을, 누군가와 갈등으로 힘들다면 그 자체에 매몰되기보다는 사과와 용서로 다음 단계로 나아갈 힘을 내보기를 (간곡하게) 소망해본다.

무영 저에게 중학생 시절은 많이 힘들었던 때로 남아있어요. 저는 학교폭력 피해자입니다. 친구인 줄 알았던 녀석들이 어느 순간 저를 때리기 시작했고, 저는 그들의 스트레스 푸는 도구로 전락해 있더라고요. 그런데 그 당시에는 그 애들이 친구인지 아니면 나쁜 애들인지 구분이 안 돼서 혼란스러웠어요. 어떻게 해야 할지 모르는 채로 1년 동안 맞고 살았어요. 걷다가 이유 없이 맞고, 주차장에서 맞고….

그때 제가 정말 무서웠던 건 정작 그 친구들이 아니었어요. 제가 맞고 다닌다는 걸 다른 친구들이 알까 봐 두려웠죠. 다른 친구들도 알게 되어 나를 못난 놈이라 생각하진 않을까, 나를 만만하게 보진 않을까 생각하면서 전전긍긍했어요.

어릴 때부터 저는 사람을 좋아했어요. 말도 먼저 곧잘 걸고 농담도 하면서 친구들을 잘 사귀었죠. 중학교 2학년 학기 초에 첫 짝꿍 A와 친하게 지냈어요. 그 친구가 제 농담에 웃으면 저도 행복했어요. 그런데 제가 다른 무리의 녀석들에게 맞는다는 걸 알고 나서부터 그 친구가 저를 같이 때리기 시작했어요. 비참했어요. 그 친구와의 관계가 갑자기 뒤틀린 뒤로 사는 게 버거워졌어요. 알고 보니 반에서 서열 2위였던 그 친구 A는 다른 친구들한테도 저랑 말 섞지 말라고 압박을 넣었더라고요. 저랑 잘 지내던 친구 B가 갑자기 저를 피하던 점심시간의 그 순간을 잊지 못해요. 그래도 B를 원망하지는 않았어요. 괜히 서열 2위인 A의 말을 거슬렀다간 B에게도 힘든 시간이 찾아올 거란 걸 알고 있었으니까요. 그때 사람을 함부로 사귀면 안 되겠다는 다짐을 뼈저리게 했어요.

지우 정말 힘들었겠어요. 무엇보다 학교폭력 피해자인데도 자신이 맞고 있다는 사실이 드러날까 봐 불안해하고 수치심을 느껴야 하는 것이 안타까워요. 부모님한테 말하면 너무 걱정하시거나 일이 커질까 봐 두려워서 말을 못 하는 경우도 주변에서 많이 봅니다. 그럴 때 주변에 도움을 청하고 즉각 해결할 수 있어야 하는데 피해를 입고 있는 입장에서는 나아지겠지 하면서 참다가 더 심각한 상황에 이르게 되는 것 같아요. 보통 청소년기의 친구관계 문제를 어른들의 시각으로 단순하게 보는 경우가 많아요. 정작 그 상황에 놓인 아이들은 얽혀있는 관계와 다른 사람들의 시선, 자신의 미래 등 고려해야 할 게 많아서 상황이 달라지기를 간절하게 바라면서 하루하루 지옥 같은 시간을 버티죠. 무영님이 1년을 그렇게 혼자 끙끙거리면서 당한 것처럼요.

🗣 **다솜** 학교폭력은 한 사람의 인생에서 정말 심각한 일입니다. 신체적 폭력뿐 아니라 교묘하게 심리적으로 괴롭히는 일이 청소년기에 아주 많이 일어나거든요. 그렇게 오랜 시간 고통을 겪고 나면 두고두고 잊히지 않는 상처가 돼요.

제가 다닌 대안고등학교는 기숙사 생활을 해야 해서 친구들과 말 그대로 24시간 붙어있어요. 학교 친구들이 제 생활의 전부라고 할 수 있죠. 공부는 물론이고 생활을 같이 하니까요. 그런데 어느 순간부터 한 친구가 저를 무시하고 냉소적인 눈빛으로 대하기 시작하더니 나중에는 대놓고 싫어하는 티를 내는 거예요. 그 친구와 무슨 일이 있었던 게 아니라서 너무 당황스럽고 어쩔 줄 모르겠더라고요. 멸시의 눈빛을 보내고 저 들으라는 듯이 욕을 하기도 하고, 자기와 친한 친구들은 물론 같은 기수 아이들에게 저에 대한 안 좋은 이야기를 마구잡이로 했어요. 사실이 아니라 황당하기도 하고 너무 신경이 쓰여서 그때부터 제 생활은 엉망이 됐어요. 그 친구가 신경 쓰여 수업시간에 뭔가 발표를 하거나 선생님한테 질문하는 것도 망설여졌죠. 다른 친구들까지 저를 이상하게 보는 것 같아서 학교에 있는 모든 순간이, 아니 24시간이 괴로웠어요.

나중에 이유를 들어보니 진짜 어이없었어요. 그냥 제가 싫다는 거예요. 그냥 싫다는데 제가 어떻게 해결해줄 수 있겠어요? 그 일 때문에 학교를 그만둘까 하는 생각도 했어요. 간디학교는 '마음 나누기'라고 해서 서로 마음을 나누는 시간도 있는데 서로를 이해해보려고 노력도 해봤지만 썩 잘되지는 않았어요.

일 년쯤 그런 폭풍 같은 시간을 지내고 나니 관계에 좀 의연해질 수 있었습니다. 나를 끔찍하게 싫어하는 사람이 있다면 나를 끔찍하게(이 표현만이 적절해 보이네요, 헤헤.) 좋아하는 사람도 있다는 사실을 알게 되었거든요. 그래서 좋은 사람들에게 집중하자고 마음을 굳게 먹었죠.

재혁 저 역시 그런 일들을 주변에서 보고 그런 일이 나에게 닥칠까 봐 두려워서 약해 보이지 않게 강한 친구들과 어울렸어요. 선후배 서열이 있는 지방에서는 동네에서 다 아는 사이여서 약해 보이면 타깃이 되거나 이유 없이 미워하기도 하거든요. 무영님과 다솜님이 정말 힘든 경험을 했겠어요. 말 그대로 인간관계에서 벌어진 일이라 그렇게 단순하지 않고, 분명 학교폭력인데 피해자가 숨어야 하는 현실이 가슴 아픕니다.

저는 그래서 학교폭력을 예방하기 위한 방법으로 "멈춰" 캠

페인이 너무나 이상하게 느껴졌어요. 모두 아시겠지만 그거 진짜 말이 안 되잖아요. 한 아이가 다른 아이를 괴롭히고 있는데 괴롭힘 당하는 아이가 "멈춰!"라고 외치고 반 친구들이 모두 괴롭히는 아이를 향해서 손을 뻗으며 "멈춰!"라고 하는 캠페인은 그야말로 청소년들의 생활에 대한 이해가 없거나 청소년을 어리게 본다는 증거라는 생각이 들어요. 그래서 그걸 교육받은 아이들은 모두 "멈춰!"를 평소에 아주 많이 희화화하죠.(모두 "멈춰"를 외치며 웃음)

아현 저 역시 지독한 따돌림 경험자로서 학교폭력 가해자들에게 할 말이 많아요. 한번씩 그때 일이 떠오르면 주절주절 적으면서 마음을 삭혔는데 이런 말들이에요.

"오랜만이다. 잘 지내니? 이렇게 글로 너희를 만나는 건 생각하지도 못한 일이네. 너희의 기억에 나는 아마 있는 듯 없는 듯한 파편으로 남아있을 것 같아. 내 마음에 너희는 흉터를 남긴 큰 존재로 남아있는데 말이야. 너희끼리 하는 대화에서 나를 뜻하는 주어만 없을 뿐 모든 문장은 나를 가리킨다는 건 나도 알고 있었어. 너희가 밥 먹듯 많이 했던 무시도 폭력에 들어간다는 거 알고 있어? 나는 너희와 함께 보낸 일 년이 너무나 고통스러웠고 죽고 싶을 정도로 자존감이 바닥을 쳤지. 내가 화장실에서 몰래 울다 물리 선생님께 걸려서 반으로 이끌려 돌아왔을 때도 '쟤 왜 저래?' 하는 얼굴로 쳐다봤잖아. 나는 내 존재를 지워버리고 싶을 정도로 힘들었어. 따돌림을 같이 당했던 K와 I도 너무 힘들었다고, 서로 어떻게 버텼냐며 울면서 미안하다고 했어. 그 불안함과 외로움을 너희들이 겪으면 어떨까? 상대방의 슬픔과 무서움보다 무시와 즐거움이 먼저였던 너희가 그 아픔을 고스란히 견뎌낼 수 있을까? 나는 진심으로 너희가 발 딛고 서 있는 모든 곳에서 행복하지 않았으면 좋겠어. 타인에게 씻을 수 없는 상처를 준 너희는 용서를 구할 자격도, 또 다른 타인을 힘들게 할 자격도, 기쁨을 누릴 자격도 없다는 걸 확실하게 알아두었으면 좋겠다."

여러 번 쓰면서 읽었던 말인데 속이 후련해지거나 하지는 않네요. 스스로 치유를 많이 했지만 그때의 저에게는 참 아픈 기억입니다.

다솜 저는 학교폭력 방관자에게는 공감을 해주고 싶어요. 소란스러운 일에 엮이고 싶지 않은 마음, 자신만의 문제로도 충분히 버겁다는 생각, 괜히 나까지 피해자가 될 바에는 지금 이렇게 행동하는 게 훨씬 편하다는 마음, 죄책감을 살짝 느끼긴 하지만 그럭저럭 견딜 수 있다는 느낌 등. 방관자들에게 왜 방관했냐고 말하기 전에 우리는 거의 대부분 나와 직접적으로 상관없는 일은 모른 척하는 게 편하다는 걸 잘 알고 있다고 해주고 싶어요. 나도 그게 편하다고.

하지만 조금만 용기를 내서 인생에서 정말 괴로운 시기를 겪고 있는 친구에게 작은 손이라도 내밀어준다면 그 친구에게는 사막에서 만난 오아시스 같은 구원이 될 수 있다고도 말해주고 싶어요. 함께 가해자에게 맞선다거나 피해자를 직접적으로 옹호하는 일이 힘들 수도 있죠. 그렇다면 지금 힘들어하는 피해자에게 작은 위로의 쪽지라도 적어보면 어떨까요?

'내가 알고 있는데 용기내지 못해서 미안하다고, 그래도 나는 너를 응원하고 있다고' 말입니다. 그것만으로도 피해자가 혼자가 아니라는 걸 알고 주변 어른들에게 알릴 힘이 생기지 않을까 해요.

무영 저 역시 방관자를 똑같은 가해자라고 생각하지는 않아요. 방관자 친구들도 얼마나 두려웠겠어요. 괜히 불똥이 자기한테 튈까 무섭기도 할 거고요. 과연 나라면 정의의 사도처럼 "야, 그러지 마."라고 말할 수 있었을까요? 저조차도 그러지 못했어요.

빵셔틀이라는 단어가 있는데요. 셔틀이 무언가를 실어 나르는 항공기를 말하는데, 말 그대로 빵 심부름을 하는 친구들을 빵셔틀이라고 해요. 이른바 조금 잘나가는 친구들은 각자만의 빵셔틀이 있었어요. 빵셔틀인 친구들은 돈을 받고 군말 없이 빵뿐만 아니라 그 애들이 원하는 음식을 매점에서 사다가 바쳤죠. 빵셔틀인 친구들이 여럿 있었는데, 저도 이 현상에 대해 일진 친구들에게 아무 말을 하지 못했어요. 감히 말할 용기가 없었죠.

저 역시도 피해자이자 방관자였기 때문에 방관자들을 욕할 수 없는 걸지도 몰라요. 방관자 친구들 역시 난감하고 안 좋은 환경에 놓인 불쌍한 존재였다고 생각해요. 물론 누군가 영웅처럼 등장해서 그러지 말라고 해주면 좋겠지만, 그런 영웅이 되려면 그 일진보다 카리스마 있으며 힘이 세거나 덩치가 압도적으로 커야 하죠. 정의의 사도도 힘이 있어야 될 수 있는 게 현실이에요. 모든 방관자 친구들에게 영웅이 되라는 것도 비현실적인 판타지가 아닐까요?

개개인의 학생들에게 옳지 못한 상황을 목격하면 '직접 나서서 돕는 사람이 되라'는 무책임한 말을 할 게 아니라 그 상황이 조성되지 않도록 제도적인 방안을 만드는 게 더 나은 해결책이 아닐까 싶어요. 해결책이 부디 등장하기를 바라고, 현재 힘든 청소년들은 작은 용기를 내서 주변에 도움을 요청했으면 좋겠어요. 누군가를 힘들게 하는 아이들이 스스로 깨닫고 반성하면 더없이 좋겠지만 그걸 기대하며 자신을 지옥 구렁텅이에 놔두지 말고 구원할 수 있는 방법을 전략적으로 찾아보길 바랍니다.

'시간이 해결해준다'는 말이 있다. '이 또한 지나가리라'라는 말도 있다. 이 말들은 모두 지금 가지고 있는 아픈 마음과 상황이 결국은 지나가게 되어있고, 지나가고 나면 지금만큼 아프지 않을 거고 희미해지거나 희석될 거라고 위로한다. 그러나 어떤 건 시간이 해결해주지 못하기도 하는데, 학교폭력이 여기에 해당한다. 많은 사람이 어른이 되어 자신을 괴롭혔던 친구 이름을 검색해보거나 어떻게 살고 있는지 찾아본 적이 있다고 말한다. 그리고 그때 왜 그렇게 당하고만 있었는지 혹은 누군가의 고통을 방관하고만 있었는지 후회된다고 말하기도 한다. 최근 많이 드러나고 있는 연예인과 스포츠 스타에 대한 학교폭력 가해자 폭로도 이와 같은 마음에서 비롯된 것이리라.

우리가 기억해야 할 것은, 같은 시대에 같은 공간에서 살아가면서 서로 삶의 역사에 어떤 식으로든 기여하게 된다는 것이다. 내가 누군가에게, 누군가가 나에게 기쁨으로 혹은 아픔으로 기여하게 되고, 기여한 역사는 오래도록 기억된다. 관계 속에서 누군가를 아프게 하고 있다면, 누군가 때문에 아프다면 그 상황에 자신을 오래도록 방치하지 않길 (부디) 바란다.

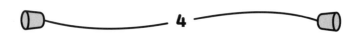

자존감과 용기 그리고
좌절에 보내는 찬사

인생을 살아가면서 마주하는 수많은 경험을 사람들은 어떻게 소화하며 살아가는 걸까? 특히 좌절과 역경, 고난과 실패 같은 것들 말이다. 자존감이 높아야 좌절에 굴하지 않고 회복탄력성이 좋다고 하는데, 자존감이 높은 사람의 행동은 도대체 어떤 모습일까?

자존감이라는 용어는 나라는 존재를 (이미) 있는 그대로 가치가 있다고 스스로 인식하는 '마음'을 말한다. 그런데 오히려 자존감이라는 용어가 한 사람의 내면 건강을 진단하는 척도처럼 여겨지면서 많은 사람이 스스로 자존감이 낮다고 생각하며 자신이 건강하지 않다는 생각에 사로잡힌다.

"자신은 자존감이 높다고 생각하시나요?"

이 질문에 단호하게 그렇다고 대답할 사람이 얼마나 될까? 어른이 되어서도 어떨 때는 자존감이 높은 것 같고 어떨 때는 자존감이 너무도 낮은 것 같고, 그러다가 이렇게 오락가락하는 건 전반적으로 자존감이 낮다는 증거가 아닐까 하는 의구심까지 든다. 특히 타인의 시선에 신경을 많이 쓰는 건 자존감이 낮다는 신호 같은데 그렇다면 타인의 시선을 전혀 신경 쓰지 않고 사는 사람은 과연 있을까 싶기도 하다.

'실패는 성공의 어머니'라는 말은 알겠지만 여전히 실패할까 두렵고 전전긍긍하고 조바심이 나는 건 자존감이 낮아서일까, 용기가 없어서일까, 아님 아직 경험이 부족한 탓일까?

많은 사람이 청소년과 청년 시기에는 더 열정적으로 도전하고 이것저것 해보면서 자신의 길을 찾는다고 한다. 하지만 그 어느 시기보다 제약이 많은 때여서 도대체 무엇을 열정적으로 도전하고, 무엇을 시도해야 할지 도무지 감이 잡히지 않기도 하다. 최근 쏟아지는 에세이의 내용을 보면 '지금 이대로 괜찮다'는 말이 주를 이룬다. 이 말의 뜻을 알고 있지만 아무것도 하지 않으면 아무것도 이룰 수 없는 시대에 살면서 이대로 충분하다고 위안만 하고 있어도 될지 문득 불안하다.

자존감이 높은 사람, 용기가 많은 사람, 좌절에도 끄떡없이 홀홀 털고 일어나 다시 시작할 수 있는 사람이 되려면 어떻게 해야 할까?

많은 청소년이 청소년 시기의 경험만으로도 충분히 좌절감을 느끼고 위축된다고 고백한다. 성적이 원하는 만큼 나오지 않거나, 의도치 않게 상처를 주거나 혹은 받게 되어 인간관계에서 버거움을 느끼거나, 좋아하는 걸 배울 기회가 아예 없거나 잘해낼 근거가 없어서 무엇을 좋아한다고 말하지 못하거나 하는 경험 앞에서 의연하기가 쉽지 않다. 이런 것들은 시간이 지나면 저절로 극복되는 건지, 경험을 통해 끊임없이 숙련시켜야 하는 건지 궁금하다. 어른들은 크면 다 할 수 있고 다 괜찮아진다고 하는데 어른들의 모습을 보면 아닌 것 같기도 하다.

사회에서는 청소년기를 불안정한 시기라고 말하지만, 청소년들은 사춘기를 거치면서 자신에 대한 질문과 답을 찾아가고 이를 통해 자아정체성을 확립해간다. 자아정체성은 자신에 대한 명확함을 일관되게 인식하는 걸 말하고 이것은 곧 자존감으로 연결된다. 그렇다면 다른 사람들은 어떻게 청소년기를 보낼까? 어쩌면 자아정체성이라는 건 '확립'이 되는 도착점이 있는 게 아니라 한 사람의 인생 여정 전체를 말하는지도 모른다. 그저 날마다 '오늘의 나'와 잘 동행하기. 아마도 청년들은 그런 이야기를 들려주려고 이 자리에 모이지 않았을까?

사춘기는 특권도 문제도 아니다

지우 저는 보통 사춘기가 온다는 십대 시절에 아무렇지도 않았어요. 원체 감정기복이 크지 않고 무덤덤한 성격이라 그러려니 했어요. 슬픈 건 빨리 잊고 기쁜 건 오래 가져가는 편이라 순탄한 학교생활을 해서 그런 것일 수도 있어요. 그래서 당시 주변 친구들이 어떤 기분을 느끼며 사춘기를 보내고 있는지 살펴볼 생각을 하지 않았던 것으로 기억합니다. 다들 나와 같을 거라고만 생각했던 것 같아요.

그런데 스무 살 때 사춘기 비슷한 게 덥석 온 겁니다. 두 번째 학기를 마쳐가던 겨울이었기 때문에 대학이라는 새로운 환경이 낯설어서 그런 것도 아니었죠. 스무 살 성인에게 '사춘기'라는 말을 붙이기가 민망하니, 우울증 같은 용어를 정신의학에서 빌려왔어야 했던 건 아니었을까 싶어요. 태어나서 처음 겪어보는 우울, 무력감, 공허였던 터라 이에 어울리는 단어를 찾을 생각도 하지 못했던 것 같아요.

6년이 지난 지금까지도 이 시기는 미스터리처럼 남아있어요. 이때의 저는 말 그대로 '반항하는 사춘기 소녀'처럼 학교도 가지 않고 공부도 놓았는데, 중고등학교 때 이른바 '공부 안 하고, 학교 안 오는' 친구들의 마음을 처음으로 이해했던 것 같아요. 종강을 하고 방학이 찾아오면서 나의 첫 사춘기 비슷한 그것도 사라졌습니다. 이 시기가 나에게 뭐였을까를 가끔 떠올려 봅니다. 그런 시기가 필요했나 싶기도 하고, 꼭 이유를 붙여야 할까 싶기도 해요.

무영 저도 스물여섯 살이 되어서 사춘기가 찾아온 것 같아요. '2차 성징'의 신체적 변화를 의미하는 사춘기는 아니고요.(웃음) 정신적 의미의 사춘기가 찾아온 듯해요. 괜히 부모님 말에 죄다 어깃장을 놓게 되고, 저를 위한 소리는 다 잔소리로 들리더라고요. 이게 사춘기가 맞는지 아닌지 헷갈려서 인터넷으로 찾아보니(사춘기를 글로 배웠어요) 사춘기의 정의가 정말 다양하더라고요. 그중에서 개인적으로 가장 공감이 갔던 사춘기에 대한 정의는 '정서적 변화'와 '자아정체성이 확립되는 시기'였어요. '정서적 변화'는 위에서 말한 것처럼 괜히 반항감이 자꾸 들고 감정변화의 폭이 커지는 거예요. 한편 '자아정체성이 확립되는 시기'는 '내가 누구인지' 생각해보고 알아가게 되는 시점을 뜻하는데요. 저는 후자라고 말하고 싶어요. 제 정체성이 어느 정도 확립되어서 부모님과 충돌이 일어나는 부분이 많다는 생각이 들었거든요.

10대에는 자아에 대한 고민은 사치였고 오로지 공부밖에 없었어요. 매일매일 정해진 양의 공부를 하기에 급급했죠. 10대의 저 강무영은 삶을 어떻게 살아야 한다거나 내가 누구인지에 대해 생각해본 적이 없었던 것 같아요. 1분 동안 나라는 사람을 소개해야 했다면, "저는 ○○학교에 다니는 ○○입니다." 이 한 문장을 60초 동안 말하는 수밖에 없었을 거예요. 그러다가 정말 뒤늦게 20대가 되어서야 제가 누구인지 알아가려 하면서 고민이 깊어진 것 같아요.

아버지는 삶의 태도나 진로에 있어서 아버지가 생각하시는 이상을 얘기해주세요. 만약 10년 전이었으면 그대로 다 수긍했을 거예요. 왜냐면 제 색깔이 무엇인지 모르는 흰 도화지였으니까요. 그런데 20대가 되어 내가 누구인지 내가 누구보다 잘 안다는 생각이 드니 아버지가 해주시는 이야기에 반감이 생기는 거예요. 나의 가치관도 있는데 그걸 부정하고 아버지가 원하는 삶의 모습을 강요하는 것 같다는 생각도 들었어요. 그럴 때 이런 감정을 부드러우면서도 솔직하게 말씀드리고 건강하게 대화하면 좋겠지만 '가족이니까 이해해주겠지'라는 생각에, 존중하며 대화하는 게 잘 안 될 때가 많더라고요. 한번은 가족과 더 이상 말을 하기 싫어서 방으로 들어가 문을 쾅 닫았던 적도 있어요.

그러는 제가 되게 혼란스러웠어요. '내가 왜 이러지? 왜 이렇게 버릇없는 행동을 했지?' 하고 자책도 했고요. 그래서 대학교 커뮤니티에 한번 물어봤어요. 나만 이런 거냐고요. 알고 보니 많은 친구들이 저랑 비슷했어요. 한 친구는 "클 만큼 컸다는 말이지."라고 하더라고요.

재혁 저도 비슷한 경험이면서 후회되는 일이 있어요. 내 감정만을 앞세워 다른 사람에게 상처를 주고, 후에 이를 사춘기라는 말로 합리화시킨 적이 있어요. 부모님께도 말을 함부로 하고, 째려보고, 그것도 통하지 않으면 사춘기라는 말을 꺼냈어요.

"사춘기라서 그래요."

그때 어머니가 하신 말씀이 있어요.

"사춘기는 특권이 아니다. 사춘기는 변화가 오는 시기는 맞지만 그렇기에 더욱 잘못된 것은 바로잡아야 하는 시기야."

그때는 사춘기를 인정해주지 않는 것 같아서 원망하기도 했지만 지금 생각해보면 그때의 나를 잘 잡아주는 말이었어요. 사춘기는 몸의 변화에 맞춰 생각의 변화가 급격하게 오는 시기이면서 스스로의 생각이라는 것이 시작되는 시기이기도 하죠. 그 시기에 자신에 대해 많이 묻고 스스로 이해해주고 '나는 괜찮은 사람이야.'라고 수용해야 한다고 생각해요.

아현 우리가 어렸을 적 겪은 성장통은 꽤 아프죠. 사람들은 저에게 나이에 비해 성숙하다고 말해요. 좋은 뜻으로 하는 말임을 알지만 '성숙하다'는 칭찬은 좋게 들리면서도 가시 박힌 말이에요. 그 '성숙함'이 제 것이 되기까지 마음이 죽을 듯 아팠기 때문이에요. 따돌림과 죄책감, 자괴감에 시달렸던 내가 그것들을 발판 삼아 성숙함을 갖출 수 있었던 이유는 상대방을 배려하고 싶은 마음 때문이었어요. 괄시 받고 무시당하는 게 싫다는 생각이 들었을 때, 내가 싫어하는 것은 상대방도 겪지 않게 조심하자고 다짐했지요.

하루하루 울며 발버둥 쳤던 기억이 있어서 소외되는 친구를 보고 있으면 과거의 저를 보는 것만 같았어요. 그래서 혼자 있는 사람에게 먼저 다가가 말을 건네다 보니 사교적인 사람이 되어가고 있어요. 나이, 성별 불문하고 정신과 마음의 성숙함을 지닌 사람을 보면 존경스러워요. 그 사람의 과거에는 분명 눈물 날 일들이 차고 넘쳤을 테니까요. '성숙함'이라는 살갗 속에 깊숙이 자리 잡은 상처가 있고 그 자리에는 흉터가 꽃 모양으로 피어납니다.

중2병이라는 용어는 일본에서 시작되었는데, 애초에 이 용어는 중학교 2학년이 아니라 이미 나이를 먹었는데 청소년처럼 행동하는 어른을 빗대는 말이었다. 그런데 이 용어가 어느 날인가부터 한국사회에서 유행이 되어 부모들과 학교 선생님들의 입에 오르내렸고, 청소년들도 자기 자신의 생소한 모습이나 힘든 감정을 만나면 '중2병'이라고 치부하며 외면한다. 어떤 청소년은 친구에게 진지한 이야기를 하려고 하면 "너 중2병이냐?"라고 놀려서 '내가 좀 이상한가?'라는 생각을 한 적도 있다고 한다.

용어는 현상을 표현하는 말이지만 어떤 용어는 현상을 만들어내기도 한다. 청소년기에 나타나는 모든 감정과 고민과 행동들이 사춘기라서, 중2병이라서가 아니라 '한 인간'이라서 나타나는 거라고 청년들은 말한다. 감정에 기복이 생기고, 삶과 목표에 대한 회의가 일고, 인간관계의 허무함을 느끼고, 자기 자신에 대한 혼란을 겪는 것은 청소년이라서가 아니다. 이는 청년이 되어서도 그리고 어른이 되어서도 계속된다.

자존감이란 어쩌면 흔들리지 않는 정점이 아니라, 성장해가는 자신을 스스로 믿어주고 보듬어주는 푹신한 내면의 깔개 같은 게 아닐까? 여기서 기억해야 할 것은 '중2병'과 같은 마음이 영원히 계속되는 것도, 잘못된 결과를 불러오지도 않는다는 것이다. 그런 마음은 얼른 지나가야 할 잘못된 마음이 아니라 오히려 찬란하게 성장하고 있음을 증명해주는 거라는 걸 기억하면 좋겠다.

날마다 더 괜찮아지고 있는 나

무영 저는 법륜스님의 말씀을 자주 찾아보곤 했는데요, 스님은 자기 마음을 바라보고 의식적으로 알아차리는 게 중요하다고 말씀하세요.

'아, 내가 이런 거에 화가 나는구나.'

신기하게도 이렇게 '자각'이 일어날 때 마음이 조금 가라앉아요. 엄청 출렁이는 파도 한가운데에 있으면 정신을 못 차릴 만큼 격정적이죠. 그런데 이 파도를 100미터 떨어져서 바라본다고 생각해보세요. 조금은 덜 격정적으로 보이는 건 물론이고 그 파도의 위력에 압도되거나 파도에 휩쓸려서 허우적거리진 않을 겁니다. 지금의 내 감정과 상황을 의식적으로 100미터 떨어져서 바라보는 연습을 해보는 거죠. 그것만으로도 감정에 휩쓸리지 않을 수 있더라고요.

그러면서 그 감정이 어떤 것이든 받아들이는 거예요. 부정적인 감정이 든다고 해서 나를 탓하고 잘못되었다고 생각하는 게 아니라 이런 상황에서는 이런 감정이 드는 사람이라는 걸 받아들이는 거죠. 스님은 본인이 생각하는 이상적인 모습과 현실의 자기 모습을 계속 비교하기 때문에 괴로운 거라고 하세요. 이상적인 모습과 비교해서 현실의 자기 모습을 부정하려

하지만 현실을 당장 바꿀 수 있는 것은 아니니 있는 그대로의 나를 받아들여 주면 돼요. 먼저 지금 나의 모습을 받아들이고 나서 이상적으로 이루고 싶은 모습을 조금씩 닮아가려고 노력하는 거죠.

🐾 **다솜** 저도 비슷해요. 타인의 시선을 의식하는 것에 대해서도 그렇게 대처하려고 해요. 내가 다른 사람의 시선을 의식한다면 신경 쓰일 수밖에 없음을 수긍하는 것부터 해요. 전혀 신경 쓰이지 않는다면 더할 나위 없이 좋겠지만(그런데 그런 사람이 있나요?) 신경이 쓰이는 걸 어떡하겠어요. 그저 내가 다른 사람의 시선을 의식하는구나 하고 받아들여요. 물론 그로 인한 스트레스 강도가 높다면 '조금은 신경을 덜 써보자. 신경 쓰이는 건 어쩔 수 없지만 이건 나의 시각일 뿐이야.' 하면서 제 자신을 다독입니다.

우린 스스로에게 너그러워질 필요가 있다고 생각해요. 우리는 다른 사람 고민을 들어줄 때는 한없이 관대하고 너그러워지는데 스스로에 대해서는 몰아세우고 엄격해져요. 나의 못난 부분을 다른 사람 고민상담 해주듯이 생각한다면 의외로 아무것도 아닌 게 될 수 있는데 말이죠. 저는 심리학을 전공해서 친구들 상담을 많이 해주는데, 제가 주로 하는 말은 느슨해도 된다, 잘하고 있다, 자책하지 마라, 넌 멋진 사람이야 등이에요. 이 말을 제 자신에게도 해주면서 조금씩 더 여유로워지고 있어요.

지우 저는 내적, 외적으로 현재의 나 자신에 대한 만족이 큰 편이라 청소년 시기에 외모에 돈과 시간을 많이 쓰지 않은 것을 다행이라 여기고 있어요. 대뜸 성형수술부터 하지 않은 것도 정말 잘한 일이라고 생각해요. 청소년기에 외모에 관심을 갖는 것이 완전히 자의인지 타의인지 구분하기 쉽지 않잖아요. '자의'라는 것이 확실하지 않다면 때를 기다렸다가, 더 정확하게는 '스스로 돈을 벌 수 있는 때'를 기다렸다가 나만의 개성을 찾아가는 것이 좋다고 생각해요.

한국 학생, 특히 여학생으로서 학교 안팎에서 '몸'을 써본 기억이 많지 않아요. 몸을 쓰는 시간이나 기회가 많지 않았지요. 여학생들(여성 청소년들)에게 '운동'이란 건 곧 다이어트였고, 다이어트에는 관심을 가져본 적이 없으니 자연스레 운동은 나의 것이라 생각해본 적이 없었던 거예요. 앞으로 머리를 쓰는 소프트웨어의 일을 해야 하니 하드웨어를 소중히 여겨야 하는데 그러지 못하니 스물다섯 생일에는 병원 투어를 했어요. 그걸 계기로 내 몸을 건강하게 하자는 생각에서 운동을 시작했고 체력이 조금씩 좋아지고 있어요. 누군가의 기준에 맞추는 다이어트를 위해서가 아니라 나의 기준에 따른 건강을 위해 운동을 한 게 스스로 멋지다고 생각합니다.

재혁 청소년기에는 친구관계, 꿈에 대한 고민이 주였는데, 20대 중반이 되면서 청소년기와는 조금 다른 고민을 시작했어요. 지금은 내가 한 일에 책임을 지는 떳떳한 1인분의 성인이 되고 싶어서 경제적, 심리적 자립이라는 과제를 어떤 방식으로 해결해나갈지에 대해 고민하고 있어요. 현재 가장 큰 과제는 나라는 사람이 회사를 물려받기에 적절한 사람인가예요. 이 길이 맞다고 생각하며 가고 있지만, 나중에도 이게 맞다고 생각할까, 아직 여러 방면에서 많이 부족한데 회사 일을 같이 하는 사람들과 잘해낼 수 있을까 등의 과제가 있어요. 이 과제가 어떻게 해결될지 아직 잘 모르지만 최선을 다해 오늘을 열심히 사는 것만이 답이겠구나 생각해요.

아현 '오늘을 열심히 사는 것'이라는 말 너무나 좋네요. 정말 공감이 가고 저도 비슷한 가치관을 가지고 있어요. 그래서 부정적인 에너지를 너무 많이 드러내는 사람하고는 약간 거리를 두는 편이에요. 그 에너지가 말로 나오면 욕이 되더라고요. 그런 사람과 함께하면 같이 휩쓸려서 저도 모르게 욕을 쓰게 돼요. 제 자신을 부정적인 에너지에 휩싸이게 하고 싶지는 않아요. 매사에 불평불만을 하는 사람도 마찬가지예요. 불평과 불만이 타당할 때도 있지요. 그런데 처음부터 팔짱 끼고 모든 걸 부정적으로 바라보는 사람과 같이 지내다 보면 마음도 지치고 나까지 부정적인 사람이 되어 버리더라고요. 아직 무언가가 정해지지 않은 저 같은 경우는 매일매일을 불안하게 살아도 하나도 이상할 게 없어요. 그래서 더더욱 매일매일을 밝게 사는 게 중요하다는 걸 잊지 않으려고 노력해요. 여러분 이야기를 들으며 생각해보니, 미래나 자신에 대한 불안 때문에 불평불만이 수시로 터져 나오는 게 아닐까 싶어요. 긍정의 에너지가 넘치는 사람과 가까이 하고 '오늘'이 소중하다는 걸 잊지 않으려고 하는 게 잘하고 있는 거구나라고 다시 한 번 깨닫습니다.

무영 작년에 NGO에서 인턴을 끝내고 대기업 취업준비를 하고 있는 친구와 대화를 나누다가 '만약 지금 10대로 돌아간다면 무엇을 할 것인가'라는 주제로 넘어갔어요. 그 친구는 10대에 해야 할 것으로 딱 세 가지를 말하더라고요. 연애, 운동, 공부. 이 중에서 저는 운동이라는 단어에 놀랐어요. 그 친구는 군대에 들어가고부터 운동을 본격적으로 했는데 그 이후로 삶이 달라졌다고 하더라고요. 조금이라도 더 빨리 시작하지 못한 걸 너무도 아쉬워하면서 바디프로필 준비를 하고 있어요. 그래서 운동하고 관리하는 게 힘들지 않냐고 물으니 얼굴에 미소를 가득 담고 이렇게 말하더라고요.

"그 힘듦을 이겨낸 성취감이 너무나 좋아."

캬! 정말 멋진 말인데 취업준비로 인한 스트레스를 성취감과다복용으로 채우고 있는 건 아닐까 살짝 염려되기도 했어요. 그런데 그 친구는 계속 운동을 했고 최근에 계획했던 바디 프로필까지 찍으며 정말 멋있어졌어요. 지금의 그 친구는 대학교 1학년 때 만났을 때보다 훨씬 자신감에 차 있어요. 마음건강과 몸건강이 따로 떨어져 있지 않은 걸 그 친구를 통해 확인합니다. 취업준비생이라고 해서 얼굴 퀭하고 어둠의 기운만 있는 게 아니었어요. 그 친구는 아직 합격된 곳이 없었는데도 어디에든 들어갈 수 있을 것처럼 보였어요. 그게 허세나 거만함이 아니라 건강한 에너지로 보여서 저도 동기부여가 됐어요. 아니나다를까, 최근에 가고 싶었던 기업에 취업했다고 하더라고요.

다솜 그 친구 말을 들으니 성취감은 곧 자신감과 자존감 상승으로 이어진다는 생각이 드네요. '소확성'이라는 단어가 떠올라요. '소소하고 확실한 성취감'이라는 뜻인데요, 이 단어의 탄생배경이 흥미로워요. 코로나19로 인해 다들 집에 많이 있으면서 무의미하게 보내는 시간이 늘었고 그 결과 무기력감과 우울감에 빠진 사람들이 많아졌대요. 이때 소확성이 좋은 치료제로 작용했다고 합니다. 아무리 작은 거라도 내가 계획한 바를 에너지를 들여 해내면 작은 성취감이 생긴다는 거예요. 자신에 대한 이미지를 바꿔보는 과정인 거죠. 어떤 사람은 무기력감에서 벗어나고자 주말 계획란에 '발톱깎기'를 써넣고 실천함으로써 자신에게 힘을 줬다고 합니다. 작은 성취감들이 모여 하루를 유의미하게 만드는 거죠. 이렇게 저마다 자신의 삶을 꾸려가는 방법을 알아내고 있다는 것만으로도 인간의 삶은 감동이에요.

지우 작은 성취감들이 모여 자신에 대한 이미지가 달라진다는 말에 적극 동의해요. 저는 중학교 때까지도 사회에 대한 관심이나 저의 취향에 대해 막연했어요. 고등학교에서 나라는 사람을 관찰하고 사회문제에 관심을 갖게 되면서 내가 생각보다 괜찮은 사람이고, 사회의 일원으로서 역할을 할 수 있겠구나 하는 자신감이 생겼어요. 그래서 저는 그 무엇과도 바꿀 수 없는 저만의 소중한 취향을 기반으로, 현실에서 벌어지고 있는 사태에 눈감고 입 다물지 않고 목소리를 낼 줄 아는 사람이 되는 게 목표입니다. 홍콩 시위가 한창이던 시기에 도무지 그냥 있을 수 없어서 학교를 휴학하고 홍콩 시위 현장으로 날아가 취재도 하고 그들에게 힘을 주는 행동을 하면서 제가 생각보다 용기 있는 사람이라는 걸 발견했어요. 좋은 게 좋은 거지 하며 타협하는 게 아니라, 자유라는 인간의 중요한 가치에 대해 의견을 내는 사람이 되어가려고 합니다. 이렇게 이전과 달라지고 조금씩 성장하는 제 자신이 점점 더 마음에 들어요.

재혁 지우님, 멋지네요. 저는 항상 좌절감을 느꼈던 것이 끈기였어요. 무언가를 시작은 하지만 끝을 잘 맺지 못하는 편이었어요. 예를 들면 영어, 공부, 운동, 악기와 같은 것들입니다. 계획은 대대적으로 세우는데 언제나 며칠 지난 후 온갖 핑계를 대고 포기해버리는 결말에 이릅니다. 어쩔 수 없는 상황이었다고 늘 위로하지만 제 삶에 가장 큰 영향을 준 필리핀 봉사도 1년을 꽉 채우지 못한 것이 아직도 아쉬워요. 물론 그때는 이렇게 버티는 것이 의미가 없다고 판단해서 돌아왔지만(나중에는 정말 힘든 상황이 되었거든요.) 그 의미 없는 버팀도 끝까지 가봤다면 어땠을까 하는 궁금함이 생겼어요. 중도포기를 자주 하다 보니 새롭게 공식 같은 게 생겼는데, 시작할 때 너무 무리하지 않는 겁니다. 처음에 열정이 과하다 보면 금방 식어버리기도 하고, 다른 사람에게도 철없는 이미지로 남는 것 같아서 이제는 천천히 할 수 있는 만큼 하나씩 합니다. 그러다 보니 예전 저의 모습인 화르륵 타올랐다가 화르륵 꺼져버리는 모습에서 어느 정도 자유로워졌고 제 자신에게 실망하거나 끈기가 없다고 자책하는 일이 줄게 되더라고요. 제 자신을 잘 관찰하면서 스스로와 합의해가는 과정이 성장하고 있는 거라고 할 수 있겠죠. 저는 요즘 매일 새벽산책을 해요. 이걸 중간에 그만뒀을지 계속 하고 있을지는 이 책이 완성되고 난 뒤 확인해보겠습니

다.(재혁은 이후로 '산책남'이라는 별명이 생겼다)

무영 오, 산책 좋네요. 그 얘기를 들으니 청소년 시기에도 그렇고 지금 청년이 되어서도 그렇고 목표를 이루는 것 이외에는 삶의 소소한 행복이 참 많이 생략되고 있구나 하는 생각이 들어요.

얼마 전에 5년째 고시공부를 하고 있는 선배와 만났어요. 고시 생활은 다 힘들지만 그중에서도 관계를 억지로 끊어내야 하는 게 가장 힘들다고 하더라고요. 한때 노무사 시험을 준비하던 다른 선배는 쉴 때도 편하게 쉬지를 못하는 자기 자신이 너무도 힘들었다고 해요. 24시간 동안 공부만 하는 것도 아닌데 일요일에 친구를 만나서 밥을 먹거나 커피라도 마시면 주위에서 제대로 공부도 안 하고 놀고먹는다는 시선을 보낸다고 해요. 뿐만 아니라 스스로 죄책감이 드는 게 괴롭대요. 친구 만나서 밥 먹고 대화하는 게 무슨 큰 사치라고 그것조차 허용되지 않는 삶을 살아가야 할까요? 그래서 고시생들은 더 외로워지고 고립되고 스스로의 나락 안으로 빠지는 경우가 많다고 해요. 스스로를 바깥으로부터 차단시키는 건 물론이고 평소 친했던 사람들도 행여 공부에 방해될까 봐 쉽게 연락하지 못하는 상태로 몇 년을 보내게 되는 거죠. 저 역시도 취업준비생일 때 비슷한 경험을 했어요. 시험에 합격하지 못하거나 취업하지 못해서 명절에 가족친지가 모두 모이는 자리에 가기도 눈치 보이고 힘들다는 기사를 보면 무엇이 우선순위일까 생각해보게 됩니다. 자신이 세운 목표를 향해서 달려가는 건 좋지만 제 자신에게는 목표를 향해 달려가는 과정 역시 중요하다고 자주 말해주고 있어요. 가족과 보내는 시간, 친구와 대화를 하는 시간, 풍경을 보는 일 등도 지금 이 순간 중요하다고 말입니다.

일부러 그렇게 모은 것도 아닌데 다섯 명의 청년들 모두 다른 모양의 청소년 시기를 보냈다. 모여서 얘기할 때마다 대한민국에서 비슷한 시기에 청소년기를 보냈는데 어쩜 이렇게 다를까 신기해하고 그래서 서로의 얘기를 듣고 싶어 했다.

그들은 자신의 범위 내에서 다양한 동아리 활동과 청소년 자치 활동을 하고, 좋아하는 책과 영화 그리고 취미를 만나고, 자기 자신이 어떨 때 행복한지 더 많이 관찰하는 시간을 가졌어야 했다고 말한다. 또한 부지런히 20대가 되고 나서야 '오늘을 살아가기'가 가장 중요하다는 걸 알게 됐다고 고백한다. 무엇이 되어야 내 삶이 중요해지는 게 아니라, 무엇을 하든 상관없이 내 삶과 성장하고 있는 오늘의 내가 중요하다는 걸 그대들은 '지금' 발견하기를 바라는 마음을 모아본다.

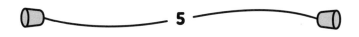

연애 강박이 아닌
건강한 연애를 지향하며

    사랑하는 사람을 만나서 진정으로 마음을 나누고 서로의 매일을 응원하는 굳건한 사이가 되는 걸 사람들은 염원한다. 이것은 인간의 본성이라 할 수 있는, 누군가와 연결되고 싶어 하는 욕구의 한 자락이 아닐까? 영화와 드라마는 물론이고 예능에서도 애정전선을 활용해서 관심을 유도할 정도로 늘 자연스럽게 언급되는 '연애'. 연애는 어른들의 전유물이 아니다. 청소년들 사이에서도 연애 이야기는 큰 관심사이며 연애 경험을 자연스럽게 이야기한다. 그럼에도 어른들은 청소년들의 연애에 대해 공식적으로는 지지하지 않고, 사적으로는 관심을 기울이지 않는다. 그냥 어린애들의 지나가는 호기심, 미성숙한 감정 정도로 치부한다.

누군가를 좋아하고 감정을 주고받으며 그 어떤 관계보다 친밀한 관계로 이루어지는 연애. 연애를 하는 동안 갈등을 겪고, 상처를 주고받고, 이별을 맞이하면서 한층 더 성장을 하게 된다고들 한다. 물론 그 과정에서 마음의 문을 닫거나 허망한 마음을 경험하기도 한다.

연애는 사랑을 주고받는 인간관계라 할 수 있다. 누군가를 좋아하는 마음을 경험하는 건, 그야말로 소중한 자산이다. 그런데 이러한 중요한 감정과 경험이 사회적 강박 형태로 드러나고 있기도 하다. 그래서 청소년들도 마치 '연애 강박'처럼 연애를 위한 연애, 내가 괜찮은 사람이라는 걸 증명하기 위한 연애를 하기도 한다. 한 학교에서 만난 이른바 '학교 인싸'로 불리는 한 청소년은 자신은 연애를 하고 싶지 않지만 아무도 만나지 않으면 자신이 별로인 사람으로 보일까 두려워서 자신에게 관심을 갖는 남자애들과 별 마음도 없이 연애를 한다고 말한다. 누군가의 관심을 끊임없이 받고 있다는 것이 자신이 매력적인 사람이라는 인증이라도 되는 양, 좋아서 하는 연애가 아닌 안 할 수 없어서 하는 연애로 시간과 에너지를 낭비하게 된다고 하소연한다. 이는 본인에 대한 예의가 아닐뿐더러 상대방에 대한 예의에도 한참 어긋난다.

연애를 한 번도 하지 않은 사람을 일컫는 '모태솔로'라는 표현은 연애를 당연히 해야 하는데 하지 못했다고 놀림조로 표현하는 말이라고 어학사전에 설명되어 있다. 이렇듯 희화화된 표현에는 시대의 생각이 반영되는 법이다. 그래서 청소년들과 청년들은 '모태솔로'라고 말하면서 부끄러워하거나 주춤하는 모습을 보인다.

연애는 서로의 매력에 이끌려 좋아하는 마음으로 사귀는 것을 말한다. 이런 것이 배제된 채, 타인에게 보여주기 위한 연애나 감정을 나누는 소통을 기반으로 하지 않는 연애는 출발부터 자기 자신이 주체가 아니기에 건강한 연애로 이어지기 어렵다.

과연 건강한 연애는 무엇일까? 청소년들 역시 '건강한 연애'에 대해 알고 싶어 하지만 청소년 연애에 대해 아직 보수적이고 인정하지 않는 우리 사회에서는 배울 수 있는 기회가 없다.

각자의 연애 경험과 생각을 나누는 과정에서 청년들은 지금까지의 그 어떤 주제보다 다양한 갈래의 생각들을 쏟아내었고 가장 적극적인 반응을 보이기도 했다. 연애 강박에서 벗어나고 건강한 연애를 지향하는 것에 어떤 생각을 가지고 있는지 그들의 이야기를 들으면서 자신의 생각도 함께 떠올려보기를 바란다.

연애 강박과 모태솔로 사이

무영 고등학교 때 동아리 친구들끼리 모여 서로 연애를 몇 번 해보았는지 얘기한 적이 있어요. 내 차례가 왔을 때, 그 당시 모태솔로였지만 연애를 한 번 해봤다고 거짓말을 했죠. 실은 짝사랑의 추억이었는데 순식간에 각색되어 눈물겨운 러브 스토리로 변신시킨 겁니다.(모두 웃음)

모솔이라고 말하면 부끄러워지는 분위기였어요. 연애를 해본 친구들은 몇 번 해봤다고 당당히 얘기를 나누고, 모솔들은 쭈뼛쭈뼛하면서 그 자체를 창피해했죠. 내가 해보지 못한 경험을 해본 다른 사람들을 보면 부러운 마음이 들 수도 있지만 아직 안 했다고 해서 부끄러운 마음까지 들 필요는 없는데 참 이상하죠. 스키 못 타본 경험에 대해서는 창피하게 느끼지 않으면서 유독 연애는 그런 것 같아요. 지금까지 모솔인 친한 친구가 있는데, 딱히 연애에 관심이 없는 그 친구가 하루는 이런 말을 하는 거예요.

"그냥 한번 만나봐야 하나."

좋아하는 사람이 딱히 있던 것도 아니었는데 모솔이라고 다른 친구들이 수시로 입방아에 올리니 그 친구 입장에선 그게 스트레스였나 봐요.

재혁 스트레스라는 말이 맞아요. 저 역시 중고등학교 때 연애를 안 해봤다는 것에 자격지심이 있었어요. 남들이 SNS를 통해 연애 중인 티를 낼 때면 왠지 모르게 부럽고 내가 연애를 자발적으로 안 하는 것이 아니라 모자라서 못 하는 건가 하는 생각이 들기도 했어요. 또한 연애를 한 친구들은 저에게 "아직도 못 했냐?"라는 식의 말을 할 때가 가끔 있었는데, 그럴 때면 어떤 사람을 좋아해서 연애하고 싶다가 아니라 남들 눈 때문에 연애를 해야 하나 하는 생각이 들기도 합니다.

연애라는 것은 나와 감정이 통한 사람과 관계를 맺는 것을 뜻하는데, 좋아하는 게 우선이 아니라, 단지 '연애를 한다'는 타이틀 때문이라면 그건 감정적인 소모이자 좋은 관계가 아니라고 생각합니다. 그리고 청소년기와 청년기는 연애만이 아니라 다른 것들에 몰두할 수 있는 나이이기도 하잖아요. 연애가 아닌 다른 것으로 더 행복할 수 있다면 굳이 연애에 목을 맬 필요가 없다고 생각합니다. 연애를 하지 않으면 외로움을 느낀다는 공식이 안타까울 때가 많아요.

아현 재혁님 말에 완전 공감해요. 저는 고등학생 때 연애를 짧게 자주 했어요. 누군가를 만나다가 얼마 못 가서 헤어지면 그 빈자리가 너무 커서, 괜찮은 사람이 눈에 띄면 친구에게 소개를 부탁했죠. 지금 생각하면 정말 '아, 왜 그랬니? 아현아…'

이렇게 묻고 싶어요. 한번은 단지 눈웃음이 예쁘다는 이유로 아는 사람의 친구를 소개해달라고 한 적도 있어요. 외모가 마음에 드는 것도 있었지만 사실은 내 옆에 있어줄 누군가가 필요했던 거죠. 무조건적인 애정과 관심을 가져줄 사람이 필요해서 대상을 물색한 것에 지나지 않아요. 아마도 외로움을 스스로 감당하지 못해서 잠깐의 공백도 참지 못했던 것 같아요. 그때의 저는 저 스스로를 아낄 수 있던 사람이 아니어서 누군가에게 보호를 받고 의존해서 외로움을 해결하려고 했던 게 아닐까 해요.

무영 연애를 하면서 오히려 더 외로울 때도 있는데 이 사회가 연애에 대해서 이미지만 부풀려 놓은 건 아닐까 해요. 사랑으로 모든 게 해결되는 것처럼 말이죠.

다솜 인간은 원래 외롭지 않나요? 아무리 가까운 사람이라도 절대 함께할 수 없는 게 있잖아요. 그런 고달픈 인간의 실존에 직면해보자, 라고 말하려니 너무 철학자 같네요.(모두 웃음)

　자신과 타인에게 연애 강박이 있는 사람이라면 스스로 깨닫는 경험이 도움이 될 것 같아요. 다른 사람이 이야기하는 것보다는 자신이 경험해보는 게 중요하죠. 만약 우리 사회가 연애하는 인간을 무력하고 나약한 존재로 봤다면, 지금과 반대로 연애에 대한 시선이 부정적이었겠죠.

"헐, 걔 연애해? 중학교 때부터 연애 계속했다고? 모태연애네, 모태연애…."

이런 말을 했을 수도 있지 않을까요?(웃음) 그러니까 연애를 하고 안 하고가 아니라 사회적인 분위기가 문제라는 생각이 들어요. 모든 사람들을 하나의 틀 안에 끼워 맞추려고 하는 건데, 이 과정에서 진짜 자신에 대해 성찰해보지 않은 불안에 에너지를 뺏기는 거죠.

저 역시 연애를 경험하면서 깨달은 것은 연애가 저의 깊은 외로움을 해결해주지는 않는다는 거예요. 자기 전에, 밥을 먹다가, 길을 걷다가 문득 찾아오는 외로움은 연애든 어떤 인간관계든 다른 사람이 해결해주지 못하죠.

지우 청소년들은 경험하거나 상상할 수 있는 관계의 종류가 많지 않아요. 자신의 생활권 외부에서 맺을 수 있는 인간관계가 한정적이니까요. 그래서 성년이 되어서도 상상할 수 있는 인간관계 범위가 협소하지요. 대부분의 사람은 사회가 승인하는 '정상연애'의 범주로 진입하기 위해 애씁니다. 그리고 거기에서 밀려나면 스스로 혹은 사회적으로 개인의 가치와 정체성이 깎이고 훼손되어 모자란 사람이라는 낙인이 붙을지도 모른다는 두려움을 안고 살죠.

연애는 형식에 불과하기에 내용, 즉 '누군가를 사랑하는 감정'이 우선시되어야 한다고 생각해요. 연애는 이러이러해야 한다는 형식이 감정보다 앞서는 것은 폭력 같아요. 인간의 감정세계는 깊고 넓고 다양한 만큼, 연애의 형식 역시 그에 맞춰 부드럽고 유연하게 변화해야 하지 않을까요?

너무 진지한가요?(웃음) 사실은 오랫동안 가지고 있던 질문이었어요. 연애를 하고 있지 않으면 너무도 쉽게 싱글, 솔로라고 부르고 그것을 벗어나기 위해 연애를 하면서 개인의 내적 성장이나 시간 차원에서 낭비를 하도록 만드는 문화가 안타까워요. 조금 더 개인의 정체성과 스스로가 원하는 삶의 방식이 중심이 되도록 사회 전체의 의식이 달라지면 좋겠어요. 무엇보다 청소년들 스스로가 지금 이 순간 무엇이 우선순위인지를 떠올리고 자신을 소진시키지 않는 방향을 선택하면 좋겠습니다. 그리고 저의 경험으로 비춰보자면, 연애로 자신을 증명할 수 있는 건 아무것도 없더라고요.

무영 지우님 얘기를 들으니까, 얼마 전 들었던 인상 깊은 조언이 떠올라요. 한국인 최초로 밀라노에서 패션 유학을 한 패션디자이너 '밀라논나' 유튜브를 듣다가 크게 공감이 되었는데요, 한 구독자가 이런 질문을 했어요.

"연애를 해야 자기도 몰랐던 자신의 모습을 알게 된다면서 가족이 연애를 계속 권해요. 저는 지금도 좋은데, 연애를 해야 인생이 다채로워질까요?"

저 역시도 한번쯤 생각했던 질문이라 밀라논나의 답변이 더 크게 와 닿았어요. 그 답변을 같이 들어볼까 해요.(무영이 유튜브를 재생하자 모두가 귀를 기울였다)

"왜 꼭 연애를 타인과 해야 해요? 할머니(밀라논나)처럼 인생하고 해도 되잖아. 연애하는 것보다 책 읽는 게 더 좋으면 자기가 좋아하는 거 하면 되는 거고요. 내가 혼자서 뭘 하는 것보다 함께할 때 더 즐거운 사람, 그런 사람이 나타났을 때 연애하면 되는 거예요. 그 연애가 스무 살일 수도 있고 마흔 살일 수도 있어요. 연애는 내가 하고 있는 이 재미있는 걸 하는 거보다 함께가 더 좋은 사람이 나타나면 그때 하셔도 늦지 않아요. 영 안 나타나면, 나 하고 싶은 거 했으니 인생하고 연애한 거잖아요. 그걸로 삶은 이미 다채로운 거예요. 연애를 위한 연애는 하지 마세요. 지금 하고 싶은 걸 하세요. 그게 연애든, 직업이든. 그러면 그 자체가 참 아름다워요."

영화 〈꾸뻬 씨의 행복여행〉에서 주인공 꾸뻬 씨는 여행을 하면서 행복이 무엇인지 메모를 한다. 총 15가지의 메모 중에서 누군가와 함께하기 위해 꼭 해야 할 질문이

"상대방이 나를 끌어올려줄 사람인가, 끌어내릴 사람인가?"

라고 했다.

우리는 인간관계 속에서 배우고 성장하며 더 나은 자신이 되어간다. 어떤 형태의 연애가 건강한 연애라는 정답은 없지만, 분명한 것은 나 자신을 잃어버리는 '연애를 위한 연애'는 하지 않았으면 하는 것이 청년들의 공통된 경험이자 의견이었다. 나의 자존감을 지켜주는 사람과 함께하고 나 역시 그런 사람이 되는 것. 한 사람과 한 사람이 만나 독립적인 자아로 공존하는 힘을 알아가는 것. 이것이 건강한 연애가 아닐까?

'건강한 연애'를 통해 '괜찮은 나'를 발견하기

지우 저는 새로운 사람 만나는 것을 좋아하고, 그들과 여러 형태로 관계 맺는 걸 좋아합니다. 따라서 새로운 누군가를 만나서 그들과 연애라는 관계를 만드는 일 역시 재미나고 행복하게 다가오죠. 분명한 건, 연애는 재미있고 좋은 점이 꽤 많다는 거예요.

먼저, 연애는 만날 수 없는 사람들을 만나게 해주고 알 수 없었던 세계를 경험하게 해줘요. 내가 사는 세상을 스캔해보면, 동료와 우정 관계의 대부분은 나의 관심 분야와 생활 반경에서 크게 벗어나지 않고, 오밀조밀 모여 있어서 범위가 넓지 않아요. 인종, 국적, 문화권이 비슷하죠. 이과보단 문과인 친구들이 훨씬 많고, 남자보단 여자인 친구들이 많고요. 우리는 우리의 생활반경 안에서, 주어진 환경 내에서 사람들을 만나기 때문에 나와 비슷한 사람들을 훨씬 더 많이 알게 될 수밖에 없어요.

그래서인지 저는 제 영역 밖에 있는 사람들에게 훨씬 매력과 흥미를 느끼게 되더라고요. 나와 전혀 닮지 않은 사람, 새로운 세계의 사람. 그들에게 쏟아지는 나의 관심이 이내 성적인 호감으로 바뀌게 돼요. 예를 들면, 고등학교 때 유도를 전공하고 있으면서 미술을 좋아하는 한 아이를 좋아했어요. 친구들 무리도, 사는 동네도, 학교 성적도 아예 달랐는데 그 아이의 감각을 좋아했고 그 아이 덕분에 아름다움을 발견하는 법을 알게 됐어요.

대학교에 와서는 나와 같은 문과보다 이과 전공자들에게 끌렸는데 프로그래머의 세계에 대한 새로운 이야기를 듣는 게 너무나 재미있었어요. 한국인이 아닌 다른 국적의 사람과 만날 때는 서로의 다른 점들에 대한 관심이 극에 달하는 걸 느껴요. 각각 다른 문화의 영향력을 발견하죠. 어쨌든 다양한 연애를 통해 새로운 세계를 만날 수 있는 게 좋았어요.

아현 와, 지우님은 정말 다양한 사람들을 만났군요. 그런데 그러다 보면 겁도 나고 안 좋은 경험도 있을 텐데 위축되지 않는 게 대단하게 느껴져요.

저는 스무 살 즈음에 공포의 연애 경험이 있어요. 그는 자신이 기분이 안 좋으면 묘하게 저를 위협하는 분위기를 풍겼는데 애초에 교제를 시작할 때도 무서워서 시작한 터라 연애하는 동안에도 그가 무서운 모습을 보일 때면 살얼음판을 걷는 것 같았어요. 내가 기분 상하게 하면 분명 돌변할 것 같은 느낌이요. 연애하면서 내내 빨리 헤어지고 영원히 연락을 끊고 싶다고 생각했으니까요.

외로움을 해결하는 방편으로 짧고 잦은 연애와 위협적인 연애를 경험하고는 건강한 연애는 무엇일까 고민을 많이 했어요. 그런 건 애초에 없는 게 아닐까 싶기도 했고 혼자서 짝사랑만 할 만큼 용기가 나지 않던 시간들도 있었어요.

지금 만나고 있는 사람은 저의 단점까지도 있는 그대로 인정해주고 서로의 성장을 응원하는 사람입니다. 청소년들이 제가 겪은 시행착오처럼 급하게 이 사람 저 사람 만나기보다는 나의 진가를 알아보고 내 마음을 배려해주는 사람을 만났으면 좋겠어요. 그렇지 않은 사람을 만나 감정을 소모하고 상처를 입어서 정작 진짜 나랑 잘 맞는 사람에게 오히려 마음을 닫게 되기보다는 나랑 잘 맞는 사람은 어떤 사람일까를 충분히 고민하는 시간을 가지면 좋겠어요. 지우님처럼 나와 전혀 다른 분야의 사람들을 만나보는 것도 좋은 방법 같아요.

재혁 저는 농촌에서 자랐고 농업과 농촌을 위해 좋은 역할을 하고 싶어요. 이게 지금의 내 정체성이라 받아들이고 있기에 관심사가 같고 발전적인 이야기를 나눌 수 있으면서 동시에 다양한 관점으로 밤새 떠들 수 있는 사람과 만나고 싶습니다.

누군가를 좋아하는 감정을 경험하는 것을 넘어서 함께 발전하고 싶은 생각이 들어요. 좋아하는 이에게 좋은 사람이 되고 싶고, 서로에게 좋은 영향력을 미치는 관계를 만들고 싶어요. 단순히 누군가를 만나고 싶어서 연애를 하는 게 아니라, 나 자신에 대한 성찰을 충분히 하고 실천으로 이어지는 과정을 통해 한 사람으로서 성숙해지는 게 중요합니다.

건강한 연애란 독립적이고 능동적으로 살아가는 이들이 서로에게 힘이 되어줄 수 있는 관계가 아닐까 해요. 힘들 때는 건강하게 힘들다고 말할 수 있고, 그럴 때 진심으로 위로해줄 수 있는 사람이 연인이라고 생각합니다. 그래서 연인을 삶에서 가장 친한 친구로 바라보려 해요. 그 이상으로 의존하게 되면 일방적인 관계가 되거나 자신이 주인공인 삶을 살 수 없잖아요. 정리하자면, '자신의 삶을 살아가는 이들의 가장 친한 친구관계'가 건강한 연애라고 할 수 있겠네요.

무영 재혁님 말에 크게 동감합니다. 건강하게 힘들다고 말할 수 있으며 자신의 삶을 살아가는 이들의 관계라는 말이 와닿아요. 제가 연애를 통해 가장 많이 성장한 부분은 인간을 대하는 방식이에요. 한번은 컨디션이 좋지 않은 날에 애인과 통화를 하다가 순간 서운한 마음이 들어서 톡 쏘는 말을 하고는 전화를 끊었는데 곧바로 후회했어요.

'다른 사람한테는 안 그러면서 내 애인한테 왜 그랬을까? 내가 왜 이 사람한테 유독 다 알아주기를 바라고 요구하는 걸까?'

아무리 컨디션이 좋지 않고 상대방한테 서운했다 하더라도 다른 사람과의 통화였다면 마음을 가다듬고 조금은 더 부드럽게 표현했을 거라는 생각을 하니 너무 미안하더라고요. 가장 가까운 사람이기에 어떨 땐 함부로 대하기도 하고, 나의 기대를 상대한테 투영시켜 내가 원하는 사람이 되기를 요구하기도 하는 거죠. 그러고는 내가 기대한 만큼 상대방이 맞춰주지 않으면 섭섭함을 느끼기도 하고요. 게다가 이런 것을 사랑이라는 이름하에 당연시하면서 알아차리지 못하는 순간을 만날 때 스스로를 가장 경계하게 됩니다. 사귀는 동안 가장 소중하다고 할 수 있는 사람을 가깝다는 이유로 함부로 대하고 싶지 않아서 스스로를 더 성찰하려고 해요.

다솜 누군가를 혹은 무엇을 좋아하는 감정을 통해서 알게 되는 가장 큰 수확은 나의 취향에 대한 이해입니다. 내가 무엇을 좋아하고 무엇을 불쾌해하며 무엇에 웃는지 알아가는 기쁨이죠. 연애를 하면서 스스로에게 던진 가장 큰 질문은 '내가 나를 얼마나 존중하고 있나?'였어요. 내 전부를 던지는 사랑이 아름답게 그려지지만 '나'라는 고유한 존재가 침범당하지 않는 선에서 연애를 하는 게 건강하다고 생각하거든요. 저 역시 상대방을 고유한 존재로 존중하고요. 다행히도 그 선을 지켜주는 연인과 오래도록 연애를 하면서 고비에 처할 때마다 이별을 선택하진 않았습니다.

참 신기한 것은 모든 것에는 양면성이 있다는 거예요. 연애도 그러해요. 함께한다는 것의 기쁨과 슬픔 그리고 관계에서의 환희와 고달픔을 모두 경험하죠. 완벽하지 않은 인간들이 만나서 기뻤다가 슬펐다가 하는 경험이 인생을 더 풍요롭게 해요. 때로는 이 지긋지긋한 걸 그만하고 싶다가도 작은 농담에 녹는 나의 약한 모습을 발견할 때 사랑의 본질에 대해 생각하게 돼요. 그 사람이 내가 대단하거나 그럴싸해서 사랑하는 줄 알았는데, 나의 모자람과 허술함까지 알고도 사랑하기로 했다는 걸 알게 됐을 때 저는 한 폭 더 자란 것 같았어요.

이건 그 사람에 대한 찬사가 아니라 지독한 자기직면입니다. 저는 인간이 자기 경험 혹은 자기 이해를 뛰어넘는 선택과 결정을 할 수 있다는 건 좀 과장된 공상이라고 생각해요. 그렇기 때문에 사랑하는 이를 통해서 내가 까발려지고 밑바닥이 드러나면 새롭게 알게 된 자신의 불완전함만큼 또 타인과 세상을 사랑할 수 있게 된다고 생각합니다.

인간은 기준을 세워서 판단하거나 우열을 가릴 수 있는 존재가 아님에도 세상에는 수많은 잣대가 한 사람을 향해서 날을 세운다. 날아드는 잣대를 벗어나 자신만의 정체성과 방향성이라는 중심을 잡고 살아내는 것이 참으로 어렵게만 느껴진다. 게다가 인간의 가장 고귀한 감정이자 보편적 철학으로서의 '사랑'마저도 연애라는 영역과 형식에 매몰되어 경험 유무와 현재 진행 여부에 따라 판단 기준으로 작동하고 있다.

청소년들이 자신을 사랑하는 방법과 타인을 사랑하는 방법을, 그리고 인간관계에서 이 '사랑'을 어떻게 조화롭게 연결해 갈지를 성찰할 시간과 여유가 없는 가운데, 연애라는 인간관계의 한 형식이 강박으로까지 이어지고 있다는 게 얼마나 아이러니한가. 강박은 본질을 흐리게 하고 비본질을 비대하게 만들어 우리의 영혼을 공격한다. 이 공격을 스스로 끌어들이지 않는 가장 좋은 방법은 내가 중심이 되어 성찰하는 것이다. 나도 모르게 내 자신에게 어떤 잣대를 들이밀어 스스로를 공격하고 있다면 '일시정지'가 필요하다. 우리는 어느 때라도 자신을 가장 사랑하는 방법을 선택할 수 있는 힘이 있으니까.

2부

나로 살아가는
법을 배우는 중

···

 한 사람의 삶은 고유성을 지니면서 동시에 많은 것과 연결되어 있다. 시대와 연결되어 있고, 사회와 연결되어 있고, 그동안 만나온 여러 책과 수업을 통해 다른 시대와도 연결되어 있다. 그리고 우리들 각자도 서로 연결된다. 이를테면 책은 사물이 아니라 한 사람의(혹은 수많은 사람) 생각의 집합체다. 책을 읽으며 공감하고, 위안을 받고, 깨달으며, 나아갈 힘을 얻는 것처럼 한 사람의 삶에 대한 이야기를 들으면서도 우리는 공감하고, 위안을 받고, 깨달으며, 나아갈 힘을 얻는다.

 청소년보다 청년들이 조금 더 먼저 태어났다는 이유로 세상 살아가는 법을 알려주려고 하는 게 아니다. 같은 시기를 조금 먼저 지나온 사람에게서 비슷한 결과 다른 결을 발견하며 지금의 자신에게 몰입하는 시간을 가지면 더할 나위 없겠다.

 1부는 다섯 명의 청년들과 주제를 두고 이야기를 나눴다면, 2부는 각 개인의 살아온 이야기를 토대로 구성하였다.

 같은 시기를 산다고 해서 같은 경험을 하는 건 아니다. 우리는 저마다 처한 환경이 다르고 각자의 개성을 지니고 있으며, 수많은 갈래로 나뉜 길 위에 서 있다. 그렇기에 나의 경험과 타인의 경험은 비교될 수 없고, 우월이나 열등이 '실제로는' 존재하지 않는다. 모두가 자신의 고유성과 독특한 경험을 존중할 때 자신만의 철학과 생애가 쌓여간다. 한 명씩 만나 인터뷰를 진행하면서 놀랐던 점은 살아온 시기와 경험이 많이 다름에도 비슷한 고민이 많았다는 것이다. 어쩌면 인간은 모두 다르지만 같은 결의 고민을 하면서 살아내고 있는 건 아닐까? 그래서 우리는 영화나 드라마, 책을 통해서 다른 사람이 살아가는 얘기를 끊임없이 들으려는 건지도 모르겠다. 그 속에는 나와 많이 닮은 한 '사람'이 삶을 살아내고 있으니 말이다.

만나서 인터뷰를 하고 질문에 대한 답을 글로 받기도 하면서 한 사람의 생각은 그 자체로 깊이가 있다는 감탄이 일었다. 세상의 잣대로 살아가라는 이 사회의 엄청난 압박 속에서 자신을 지켜내기 위해 고군분투한 이의 아름다움을 발견한다. 이 책을 읽고 있는 그대도 이미 충분히 아름답게 자신을 지켜내고 있음을 안다. '나'를 아름답게 지켜낸 사람들은 다른 '나'와 연결되고 존중하는 법을 안다.

다섯 명의 '나'의 이야기를 통해 자기 자신을 깊게 만나는 시간이 되기를 기대한다.

모범생, 길을 잃고 길을 찾다

'내가 뭘 좋아하지?'

'내가 뭘 잘하지?'

스스로를 관찰해보는데 오 세상에나!

딱히 좋아하는 것도, 특별히 잘하는 것도 없다는 걸

눈치 채고야 말았다. 공부를 해서 여기까지 왔지만

공부 역시도 나보다 잘하는 사람은 (정말정말) 무수히 많다.

나를 알기 위해 보낸 시간 동안, 내가 한 일

스물세 살, 나는 꿈이 없었다

꿈은 저절로 생길 거라고 생각했다. 아니 정확하게는 꿈은 저절로 생길 거라고 내내 들어왔고 나는 그 말을 철석같이 믿었다. 공부를 잘하는 축에 속했기 때문에 지금 해야 할 공부를 다 하고 나면 어느덧 나의 꿈에 저절로 도달해 있을 거라고, 막연하지만 거의 확실하게 믿었다.

지금 돌아보면, '꿈'이라는 것에 대해 스스로 알아보려고 하지도, 알아볼 시간이 충분히 주어지지도 않았고 내가 그나마 잘하고 있는 공부를 열심히 하면 꿈이 생기고 진로가 정해질 거라고 생각했다. 더 정확하게는 하루하루 해내야 할 공부의

양이 많아서 아무 생각이 없었다는 것이 맞다.

외국어고등학교에 진학했다는 성취감도 잠시, 1학년 때에는 거의 꼴찌를 전전했고, 공부 시스템에 적응하고 나서는 조금씩 성적이 올라 서울에 있는 대학교에 입학했다. 외국어고등학교와 서열이 괜찮은 대학교에 입학했으니 모범생 코스를 밟았다고 볼 수 있겠지만 내 생각은 전혀 다르다.

스물세 살, 우울했다. 내가 꿈이 뚜렷하지 않은 사람이라는 사실이 뼈저리게 느껴진 어느 날이었다.

아는 형의 초대로 스타트업 런칭 파티에 참여했는데 참가자들의 이력이 화려해서 가기 전부터 기대감에 들떴다. CEO, 교수, 시민단체 활동가, 의사 등 유명한 사람들이 많았고 아는 형 덕분에 그 사람들과 대화를 나눌 기회를 얻었는데 이상하게 주눅이 들었다. 말 그대로 파티니까 분위기가 밝고 에너지가 넘치는 자리인데도 나만 홀로 머리 위에 비구름이 드리운 것처럼 축축 처지고 기분이 가라앉았다. 대단한 사람들을 보면서 부러운 마음이 들어서가 아니었다. 호의와 관심을 보이며 건네는 다른 사람들의 질문에 제대로 된 대답을 내어놓지 못 했기 때문이다.

"아 대학생이시구나. 전공이 뭐예요?"

"경영학입니다."

"오, 경영학이면 다양한 걸 배우겠네요. 어떤 분야에 관심이 있어요? 진로는 정했어요?"

"아… 저는…."

이 나이쯤 되면 뭔가를 이루진 않았어도 누군가의 질문에 내가 좋아하고 관심을 두고 있는 분야, 나만의 콘텐츠를 자신 있게 이야기할 수 있을 거라 생각했는데, 준비된 대답도 없고 임기응변으로 넘기지도 못한 채 그저 텅 비어 있는 나 자신을 여실히 발견하게 된 것이다.

대학교 2학년 때까지는 대학생활이 신기하기만 했다. 새로운 대학 친구들과 어울리고 동아리 활동을 하느라 내 이력을 쌓는 데 별 관심을 두지 않았다. 고등학교 공부에서 벗어나 나만의 삶을 살아가고 있다는 사실에 그저 신이 나 있는 사이 순식간에 시간이 지나갔다. 본격적으로 진로 고민을 한 것은 군에 입대한 후 처음으로 생각할 시간이 오래 주어지면서였다. 그때 내 나이 스물두 살이었다.

'내가 뭘 좋아하지?'

'내가 뭘 잘하지?'

스스로를 관찰해보는데 오, 세상에나! 딱히 좋아하는 것도, 특별히 잘하는 것도 없다는 걸 눈치 채고야 말았다. 공부를 잘해서 여기까지 왔지만 공부 역시도 나보다 잘하는 사람은 (정말정말) 무수히 많다. 지금 생각하면 우스운 일이지만, 군대에서 일과 후에 한 시간 동안 사이버지식정보방에서 컴퓨터를 할 수 있게 허용되는데 그때 구글이랑 유튜브에 '좋아하는 일 찾는 법'이라고 쳐봤다. 검색해보면 다양한 방법들이 나오는데 그중에 '좋아하는 일 vs 싫어하는 일 vs 잘하는 일'을 쭉 나열해보는 걸 따라 해보기도 했다. 그렇지만 스스로 적은 걸 읽어봐도 그저 목록에 불과할 뿐, 그것들이 나를 설명해줄 수 있을까 하는 공허함만 더해갔다.

아무리 검색을 하고 정보를 찾아봐도 내가 좋아하는 일이 무엇인지 알려주는 곳은 없었다. 이조차도 '책으로 배웠어요'처럼 나 자신을 평면적으로 바라보고 누가 알려주기를 바랐던 거다. 내가 뭘 좋아하는지 알아가는 방법도 모르고 그런 경험도 없이 진로 고민은 3년 동안 이어졌다. 그리고 그 3년 동안 '나 공부 좀 하는 사람'이라는 자아 이미지가 더 이상 힘을 발하지 못하고 자신감도 자존감도 끝없이 떨어졌다.

꿈이라는 감옥에서 탈출하다

스물네 살, '미래에셋박현주재단' 사회공헌 프로그램에 지원해서 장학금을 지원받아 일 년 동안 영국에 교환학생으로 가게 됐고 전혀 새로운 문화권에서 나 자신을 제대로 돌아볼 기회를 얻었다. 우리나라 문화 안에서 자라면서 나도 모르게 갖고 있던 '이래야 한다'는 관념에서 자유로워진 시간이었다.

교환학생 경험으로 가장 좋았던 것은 '꿈'이라는 감옥에서 스스로를 풀어준 것이다. 영국의 대학은 우리나라 대학과 분위기가 많이 달랐다. 타인과의 경쟁이 아니라 자신의 생각을 제대로 갖는 게 중요한데, 처음에는 그것에 익숙하지 않아 교수님이 원하는 정답이 뭘까에 몰두했다. 서서히 몸에 밴 강력한 중력으로부터 멀어지고 정답을 찾는 데 에너지를 쓰지 않으니 그 에너지는 고스란히 나를 새롭게 보는 눈으로 변환되었다. 덕분에 한 가지 결론을 내리게 되었는데, 그건 바로 꿈에 질식되지 말고 순간순간 앞에 놓인 길을 따라가다 보면 자연스레 나의 길을 걷게 된다는 것이었다. 왜 꿈도 없고, 좋아하는 것도 없고, 뚜렷한 재능도 없냐며 스스로 몰아세웠던 스트레스에서 자유로워졌다. 꿈이 분명해야 삶이 분명해진다고 생각했는데, 꿈이 분명해야 한다는 압박에서 풀려나니 오히려 삶이 분명해졌다.

"지금 당장 명확한 꿈을 가지고 있어야 해. 어떤 직업적 목표를 가지고 있어야 해."라는 감옥에서 풀려나고 나니, 나를 괴롭히던 조바심에서 해방될 수 있었다.

내가 무엇에 관심이 있는지 계속 관찰하고, 그때까지 쌓인 나의 경험과 가치관을 기반으로 뭐든 시작할 수 있을 거라는 믿음이 생기자 내 안에서 힘이 느껴졌다. 미래에 대한 불확실함에서 오는 갑갑함과 자책이 아닌, 분명 나의 길을 찾아갈 거라는 자신을 향한 믿음이 생겨나니 마음이 한결 느긋해지고 스스로에게 관대해졌다. 그러자 머릿속을 채우고 있던 뿌연 흙탕물이 맑아지면서 나를 알아가는 즐거움을 찾게 되었고 재미를 느끼는 공부 분야도 선명해졌다. 경영학과에서 배우는 수많은 분야 중 '마케팅' 공부를 하거나 정보를 찾아볼 때 내 안에서 흥미를 느끼는 에너지 파동이 보이기 시작했다.

그 힘을 바탕으로 마케터의 길을 가기 위해 여러 가지 준비를 했다. 첫째, 뉴스레터로 비즈니스 마케팅 트렌드를 계속 접하면서 감각을 익히고. 둘째로 폴인, 퍼블리, 동아비즈니스리뷰와 같은 비즈니스 플랫폼에서 다양한 사례를 접하고 에디터들의 글을 통해 인사이트를 얻었다. 셋째, 마케팅과 조직문화, 경영 전반에 관한 책을 찾아 읽고 블로그 등에 서평을 꾸준히 썼다. 넷째, 다양한 광고영상들을 찾아서 보고 마케팅 실무 강의를 들으면서 이 분야를 대하는 내 마음이 어떤지를 지속적으로 관찰했다

이 네 가지 준비가 인풋의 활동이라면 아웃풋의 활동으로

블로그를 들 수 있다. 친구들에게도 많이 권하는 방법인데 블로그 운영은 '나 자신을 마케팅하는 채널'을 갖는 거라 할 수 있다. 자기발견, 영감노트, 경영마케팅 인사이트 등의 항목으로 콘텐츠를 쌓아가고 있는데, 블로그 포스팅이 마케팅의 필수 덕목 중 하나인 글쓰기 훈련에도 도움이 된다.

일상에서도 마케팅 차원의 시각을 기르기 위해 노력한다. 예를 들면, 음식점이나 카페를 가더라도 그곳이 잘되는 요소가 무엇인지, 잘 안 되는 이유는 무엇인지, 공간의 콘셉트는 무엇인지 의식적으로 분석해보려고 한다. 또 유튜브에서 어떤 동영상을 눌렀다면 왜 눌렀는지 스스로에게 물으면서 마케터로서의 감각을 내재화하려고 한다.

분명한 점은, 이런 활동이 미래에 대해 불안해하기보다는 지금 당장 할 수 있는 것에 집중하면서 커리어를 쌓는 기반이 되고 있다는 사실이다. 에너지를 조금 더 나 자신을 관찰하는 데 사용하는 법을 알아가고 있다.

성적과 타협하지 않고 '나'를 기준으로

열아홉 살, 무슨 꿈이 있었던 게 아니고 그냥 남들 다 가는 길 위에서 나 역시 성실하게 가는 학생이었다. 12년 동안 공부를 해온 것이 대학교를 가기 위한 과정이라면 이왕이면 상위 대학교에 들어가면 좋겠다는 마음뿐이었다. 그래서 수시 원서를 넣을 때 학과 상관없이 성적에 맞춰서 쓰기로 결정을 했다. 주변에서도 전공학과보다 대학 네임 밸류가 더 중요하다고 하는 분위기라 전공은 뭐가 되든 상관없었다. 그런데 그때 아버지가 그렇게 정하기보다 함께 고등학교 3년의 삶을 돌아보고 지원할 과를 골라보자고 하셨다.

가만 생각해보니, 팀 활동을 할 때 몰입하는 나를 발견할 수 있었다. (게임도 혼자 하는 것보다 같이 팀 플레이하는 걸 선호한다) 팀 활동을 좋아하고 안정적인 벌이를 추구한다는 아주 미약한 연결고리로 경영학과에 지원하자는 결론이 내려졌다. 그때가 수시접수 불과 한두 달 전이었는데, 자기소개서를 경영학과 지원에 맞추어 다 바꾸느라 몇 날 밤을 고생했고 그러면서도 잘하는 건지 고민이 되었다.

지금 돌아보면, 세상의 기준이 아닌 내 기준으로 나를 관찰한 것을 토대로 중요한 의사결정을 내린 첫 경험이라 잘했다고 칭찬해주고 싶다.

성적에 맞추어 네임 밸류가 더 높은 대학교에 입학했다면 어떠했을지 상상해본다. 내가 그 대학에 다니고 있다는 자부심이 있었을지는 모르겠다. 하지만 나는 지금 내 자리에 만족한다. 타협하지 않고 처음으로 '나를 기준으로' 결정을 했다는 자부심이 더 크기 때문이다. 그래서 서울대, 연세대, 고려대를 다니는 고등학교 동창들을 만나면서 학벌 면에서 부러움이나 열등감을 느낀 적이 없다.

고등학교 친구 중에 지방에 있는 대학에 들어간 친구가 있는데 얼마 전 통화를 하다가 자신의 마음을 털어놓았다.

"다른 친구들보다 명성이 높지 않은 학교를 다니고 있다고 생각하니까 애들 얼굴 보기가 좀 그렇더라."

그 얘기를 듣는데 이해가 되면서도 한편으로는 서운했다. 우리가 성적을 보고 친구가 된 것도 아닌데 이 사회 구조가 우리를 이렇게 갈라놓는구나 하는 생각이 들면서 나는 그것으로부터 자유로운지 자문을 해보았다. 취업이 제대로 되지 않더라도 자존감이 떨어지거나 주눅 들지 않을 자신이 있는가? 우리는 분명, 사람과 사람이 연결될 때 그 사람의 돈이나 명예보다 타인을 배려하는 마음과 행동이 중요하다는 걸 알고 있고 경험으로 체득한다. 그런데 왜 우리가 서로와 연결되는 데 내가 속한 대학, 직장 등이 걸림돌이 되어야 할까?

청소년 시기에는 하고 싶은 걸 찾기에는 제약이 많이 따른다. 가정환경이나 학교 시스템에서 자유롭지 못한 시기이기 때문이다. 그렇기 때문에 지금 당장 내가 하고 싶은 게 뭔지 몰라도 우울해하지 않으면 좋겠다. 어쩌면 당연한 건지도 모른다. 하고 싶은 걸 찾는 과정은 청년이 되어서도 이어지는 장기전일 것이다. 장기전을 치루기 위해선, 장기전이라는 걸 인식하고 지금 순간순간을 차근차근 잘 밟아나가면 된다. 아직 하고 싶은 걸 못 찾았으면, 나의 한 쪽 신경은 하고 싶은 걸 찾는 데 쓰고 나머지 신경은 지금 당장 해야 하는 것들에 집중하여 해나가면 된다. 하고 싶은 걸 찾는 데 지금 당장 모든 신경과 에너지를 쏠 필요가 없다. 장기전에서의 중간 마디들(대학 선택, 직업 선택, 이직 등)은 내가 지금 해나가는 것들이 하나하나 모이고 연결될 때 어느 순간 보일 것이다.

이런 생각을 하면서 스스로 다짐한 것은, 내가 이룬 무언가가 나를 설명해주는 거라는 말에 설득당하지 않고 나 자신과 타인을 볼 때 '사람' 자체가 중요함을 잊지 않아야겠다는 것이었다. 꿈이 아직 없더라도 남과 비교해서 자신을 몰아가지 않는 사람이 되는 것이 무엇보다 중요하지 않을까 한다.

지금 내 나이에는 취업이 핫 키워드다. 그러나 단순히 남들이 좋다고 하는 대기업에 들어가서 빨리 돈을 버는 게 나에게 가장 중요한 일은 아니라는 걸 안다. 물론 경제적 안정과 취업은 중요하지만 그 자체가 목표이자 삶의 목적이 아니라는 걸 이제는 알 것 같다. 나에게 맞는 진로는 무엇일지 충분히 탐색해보고, 나에게 의미 있는 삶은 어떤 것인지 탐구하는 게 취업보다 우선이라고 생각한다. 경제적으로 여유로워서 배부른 소리 하는 것도 아니고 현실을 외면하는 극이상주의자도 아니다. 다만 더 나은 세상과 자신을 추구하는 사람이 멋진 사람이라 생각하기에 나름 그 멋진 사람의 길을 가고 싶을 뿐이며, 그러한 나 자신에게 힘을 북돋아주고 싶다.

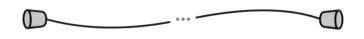

평범하게,
매력적이고 매너 있게

매력적인 사람 되기

최근 소비 트렌드를 보면 '미닝아웃(Meaning Out)'이라는 단어가 많이 나온다. 미닝아웃이란 소비활동을 통해 자신의 가치관과 신념을 드러내는 것을 뜻하는데, 보통 사회적 가치가 있는 제품이나 서비스를 소비하며 미닝아웃을 한다. 점점 더 많은 사람들이 윤리, 공정성, 지속성을 민감하게 받아들이고 있다는 얘기다. 이 흐름을 보자면 더 많은 사람들이 선한 영향력을 지닌 개인이 되고 싶어 한다고 봐도 무방하다. 그리고 사실 나는 6년 전부터 이것을 나의 가치관으로 정립해왔다.

'사람들과 함께하면서 선한 영향력을 나의 주변, 지구에 펼

치는 삶을 살자.'

선한 영향력을 지닌 사람이 되고 싶다는 생각을 강하게 하면서 선한 사람이란 어떤 걸까 생각해보았는데, (약간 오글오글하지만) 결국 사랑을 지닌 사람이 아닐까 한다. 대상과 상대에 따라서 사랑의 정도가 1부터 100까지 다를 수는 있겠지만, 기본적으로 사랑을 지니고 있다면 악한 행동과 말을 하기 어려울 것이다. 사랑은 한마디로 표현하자면 상대를 위하는 마음이며, 여기서 '상대'에는 주변 사람부터 지구까지 포괄한다. 스스로 선한 사람, 상대를 배려하는 사람이 되려고 의식적으로 생각하니까 실제 나의 대화방식과 삶도 그렇게 바뀌어 가는 게 느껴진다.

내가 추구하고 있으며 스스로 지니고 있다고 생각하는 매력을 꼽아보자면 유머, 사랑, 편안함, 이 세 가지다. '타인을 사랑으로 대하며 유머러스하게 편한 분위기를 만들어준다'는 자아 이미지를 가지고 있는데, 이는 다른 사람이 나에게 해준 칭찬과 피드백이기도 하고 내가 스스로에게 강조하는 부분이기도 하다.

타인과 잘 어울리기, 혼자서 잘 지내기

나는 사람들이랑 함께 모이는 걸 좋아한다. 이미 알고 있는 좋은 사람들끼리 모이면 같이 있는 것만으로도 일단 기분도 마음도 좋다. 좋은 사람들과 서로의 이야기를 주고받으며 대화를 하고 그 대화가 잘 통하면 금상첨화다.

새로운 사람들을 만나는 것도 좋아한다. 새로운 사람을 만나서 대화하는 것이 설레는 걸 보면 나는 낯을 가리거나 수줍음이 많은 편은 아닌 것 같다. 새로운 사람을 만났는데 알아갈수록 좋은 사람이고 나와 결이 맞는 사람이라는 걸 느끼면 오늘 하루 잘 살았구나 하고 기쁨을 느낀다. 설령 나랑 잘 안 맞는 사람이더라도 그것 또한 내가 누구랑 잘 안 맞는지, 어떤 부분을 싫어하는지 알 수 있는 새로운 경험이라고 좋게 받아들인다.

한번은 우연히 유명한 시인과 술자리를 함께한 적이 있었는데 약속한 순간부터 기대가 됐다. 술자리에는 8명 정도가 있었는데 에너지와 대화 주제가 온통 그 시인에게 맞춰져 있었고 대화의 흐름도 일방적이었다. 그 자리에 모인 다른 사람들 이야기도 듣고 싶었는데, 그 시인이 가지고 있는 에너지가 너무 커서 한곳에 집중되는 바람에 대화가 오가는 분위기가 아니었다.

그 경험을 통해 나 자신에 대해 새로운 사실을 알게 되었다. 사람들이 모인 자리에서 한 사람만 일방적으로 얘기하는 상황을 별로 좋아하지 않는다는 거였다. 이렇듯 안 좋은 경험이더라도 그것을 통해 내가 어떤 상황을 좋아하고 싫어하는지 알게 되기에 새로운 만남은 늘 기대된다. 새로운 사람을 만났을 때 상대방에 대해 더 잘 알 수 있도록 이어가는 대화법에도 관심이 많은데, 그러다 보니 대화의 달인 유재석 씨의 프로그램을 즐겨보면서 따뜻하고 유머러스하게 대화를 이끌어내는 걸 배우고 있다. 매력적인 사람을 만나 대화를 잘 나눈 날은 그 무엇보다 의미 있게 느껴지고 행복으로 충만해진다.

사람들과 같이 보내는 시간만큼 혼자서 보내는 시간도 나에게는 아주 중요하다. 혼자서 컴퓨터 앞에 앉아 인터넷에 올라온 세상 사람들 이야기를 보는 것도 좋고, 게임 영상 보는 것도 좋다. 책이나 강의영상을 보며 영감을 얻는 시간도 정말 좋아한다. 나이가 들면서 다른 사람들과 보내는 시간과 혼자서 보내는 시간의 최적의 균형점을 알게 되었다. 이렇게 나한테 무엇이 잘 맞는지 알아가는 게 나를 더 내어주거나 내 시간을 인색하게 쓰지도 않으면서 최적의 행복을 찾아가는 방법이라 생각한다. 좋아하는 것들에 내 에너지와 시간을 더 투자할 수 있게 삶을 조율해갈 테니 말이다.

혼자서 시간을 잘 보낼 줄 아는 사람이 다른 사람과도 균형 있게 보낼 줄 안다는 말이 있다. 그런 사람은 건강한 에너지가 흐르고 매력적이다. 행복한 사람만큼, 중심이 잘 잡혀 있는 사람만큼 빛나는 사람이 또 어디 있겠는가.

나를 믿고 행복할 자신

나는 분명 행복할 거라는 확신이 있다. 직업적으로 성공할 수 있을 거란 확신을 말하는 게 아니라 나라는 사람은 괜찮은 사람이고 사랑받을 만한 사람이라는 확신을 의미한다. 진로나 직업, 뭐해 먹고 살까는 여전히 고민이지만 이러한 확신이 들면서부터 그것과 상관없이 미래에도 행복할 것 같다는 느낌이 든다.

이런 생각을 하기까지는 행복에 대한 나만의 정의가 필요했다. 나에게 행복은 나에 대한 자신감 그리고 사람들과의 관계에서 나온다는 걸 알고 나니 행복하지 않을 이유가 없었다. 내가 괜찮은 사람이라는 확신은 몇 가지에서 비롯된다. 첫째, 주변 사람들이 나에게 괜찮은 사람이라고 몇 차례 말해주었고 그 말들을 신뢰하기로 했다. 나의 경우를 보면 다른 사람에게 건네는 말이 그 사람의 세계에 닿아서 얼마나 큰 영향을 미치는지 알 것 같다. 내가 나 <u>스스로</u>를 별로고 아둔하고 어설프다고 생각했을 때 주변 사람들이 해준 "너는 정말 괜찮은 사람이야. 내가 알아."라는 말은 내게로 와서 자신감과 자존감이 되었다. 그런 말을 계속 들으니 '아, 내가 그래도 다른 사람에게 호감을 주는 사람이구나.'라는 자신감을 가질 수 있었다. 외모지상주의 사회라고 하지만 외모보다 더 중요한 것은 다른 사람에게 호감을 주는 거라고 강력하게 말하고 싶다.

둘째는 자기발견으로, 나에 대한 자신감을 얻기 위해선 내가 누구인지 알아야 한다고 생각한다. 내가 어떤 사람인지도 모르고 나라는 사람을 긍정할 수는 없기 때문이다. 자기발견을 하려고 시간을 들여 노력해왔고, 앞으로도 끊임없이 내가 어떤 사람인지 찾아 나갈 것이기에 나의 미래는 긍정적이다. 자기를 잃어버린 사람은 아무리 열심히 살았어도 '내가 무엇 때문에 이렇게 고생한 거지?'라는 질문과 마주하게 된다. 나는 '무엇을 좋아하고 무엇에 끌리고 왜 좋아하는지' 계속 알아가려 노력한다면 삶 자체가 자신을 탐구하는 과정이기에 행복해질 수밖에 없다고 믿는다.

친한 친구가 한번은 나에게 "너는 너한테 손해가 안 가는 선에서 엄청 관대해."라고 말한 적이 있다. 이 말을 듣고 깜짝 놀랐던 이유는 정말 나를 잘 표현한 말이라고 생각했기 때문이다. 기본적으로 내가 마음이 내키지 않으면 아무리 가까운 관계라도 부탁을 잘 거절한다. 그리고 부탁을 잘 거절할 줄 아는 이런 성격을 정말 좋아한다. 이게 바로 많은 에세이에서 말하는 '좋은 사람이지만 호구가 되지 않는 법'이기도 하다. 선함은 기본적으로 배려가 밑바탕이지만 그 누구보다 자기 자신에 대한 배려가 중요하다고 생각한다. 자기 자신을 먼저 챙겨야만 타인에게도 꾸준히 선할 수 있지 않은가. 그러지 않은 선함은 소모성이 되어버리고 결국에는 누구에게도 의미가 없어진다. 좋은 사람이 된다는 것은 먼저 나에게 내가 좋은 사람이어야 한다는 말이다.

한창 관심을 가졌던 마케팅 분야도 자기발견의 한 축이었다. 마케팅이란 브랜드가 전달하고자 하는 가치를 소비자에게 전달하는 과정이다. 어떤 가치를 전할 것인지, 그 메시지를 소비자들에게 어떻게 잘 전달할지 팀원들과 함께 고민하는 과정이 브랜딩과 마케팅의 핵심이다. 과정은 답답하고 어려울 수 있겠지만 내 성격상 분명 즐겁게 임할 수 있을 것 같았다. 마케팅에 관심을 가진 이유는 사람들에게 선한 영향력을 끼치고 싶다는 마음도 한몫했다. 사람, 팀, 영감, 대화, 선한 영향력, 이 모든 키워드가 마케팅 혹은 또 다른 관심 분야로 귀결될 거라 믿는다. 앞으로의 내 진로와 삶의 중요한 가치가 통해야 한다는 생각을 늘 스스로에게 상기시킨다. 물론 앞으로도 내가 무엇에 끌리는지 관찰할 것이다. 마케팅이 아닌 또 다른 길로 이어진다면 그 새로움을 설레는 마음으로 만나보려고 한다.

나라는 사람을
완성해가는 과정

공부의 의미를 찾으면서 생긴 자신감

나는 초등학교 때부터 쭉 어느 정도 공부를 잘해온 학생이었다. 공부에 엄청난 흥미를 느끼거나 비상한 두뇌를 지닌 편은 아니었고 그냥 공부는 학생으로서 10대에 응당 해야 하는 것으로 받아들였다. 공부 그 자체가 관심의 대상이라기보다는 성적과 등수가 관심사였다고 할 수 있다. 초등학교 5학년 때 전교 1등을 했을 당시, '어, 내가 공부를 좀 하네?' 하는 의식이 처음 생겼다. 그런데 전교 1등을 한 다음부터는 부담감이 너무 커져버렸다. 성적과 등수를 유지해야겠다는 마음밖에 없었다. 그래서 그 후로는 시험 등수를 확인하기 전에 부처님, 하느님, 알

라신님, 그 외에 모르는 모든 신께 정성을 다해 기도를 드렸다.

중학교에서도 반에서 1~2등을 다퉜는데 어느 순간 그냥 반에서 13~14등이었으면 좋겠다는 마음이 든 적이 있다. 친구들과 선생님의 관심을 계속 받으면서 이번 시험 결과가 1~2등이 아니면 어떡하나 하는 불안감이 나를 압박했다.

고등학교 3학년 때는 복잡한 심경이 마구 겹쳐서 이 모든 게 그냥 빨리 끝났으면 했다. 정말 매일매일이 지긋지긋하고 힘겨웠다. 아침 7시 30분에 일어나서 밤 10시까지 학교에 있어야 하는 생활도, 한 문제 틀릴까 봐 노심초사하며 시험공부를 해야 하는 삶도 전부 버거웠다.

'왜 공부를 하는 거지?'

이런 질문을 스스로에게 던져볼 겨를도 없었다. 그냥 만약에 '인 서울'이라 불리는 대학교군에 들어갈 성적이 나오지 않는다 해도 절대로, 절대로 재수는 하고 싶지 않았다. 가끔 고등학교 친구들이 10대 때가 그립다고, 그때로 돌아가고 싶다고 이야기하는데 어휴, 나는 정말 돌아가고 싶지 않다. 등수와 등급에 대한 스트레스, 성적에 대한 스트레스가 공부를 하는 이유와 학교 다니는 이유를 집어삼킬 만큼 컸기 때문이다.

대학교에서 경영학과 수업을 듣고 과제와 시험을 준비할 때 더 이상 예전처럼 스트레스에 휘둘리지 않았다. 우선 수업이 나에게 의미가 있음을 알고 있기 때문이다. 배우고 싶은 마음이 크기에 재미로 공부를 한다. 또한 성장할 수 있다고 믿기 때문에 힘들어도 해나갈 동기가 뚜렷하다. 예를 들어, 팀프로젝트를 할 때 참여하지 않는 사람이 있으면 어쩔 수 없이 그 사람의 몫만큼 맡아서 해야 하는데 그 몫만큼 내가 더 성장할 수 있다고 생각하니 개의치 않게 된다. 평가 시스템도 한몫한다. 고등학교 때는 한두 문제 틀리면 바로 2등급이 된다.(어휴) 하지만 대학교 시험은 에세이형 문제가 많고 무조건 다 맞아야 한다는 부담감이 덜하다. 다시 말해 성적에 대한 압박감이 덜한 환경에서 공부의 의미를 찾게 되자 비로소 제대로 된 공부를 할 수 있게 된 것이다.

공부는 어떤 의미를 지니고 있을까? 소아청소년과 전문의 오은영 교수는 이렇게 이야기한다.

"우리는 시험 점수를 기억하기보다 시험공부를 하면서 잠을 깨려고 노력했던 그 열정을 기억한다."

지금도 입시용 공부를 떠올리면 지긋지긋하고 두 번 다시 경험하고 싶지 않다. 어떻게 12년 동안 그 스트레스 덩어리 교육환경 속에서 공부를 했는지 지나고 보니 신기하다. 다만 그 시간 동안 그래도 나름 최선을 다해서 공부를 해봤기 때문에 그 힘을 신뢰하며 살아가려고 한다.

비교의 늪에서 벗어나 자존감 찾기

나는 어깨가 좁은 걸로 한평생 스트레스를 받은 사람이다. 중학생 때 어깨넓이 때문에 놀림 받은 걸 시작으로 친구와 친척들, 같이 일한 알바 동료에 이르기까지 수없이 지적을 해대는 통에 힘들었다. 그들 말로는 살짝 아쉬움이 남으니까 더 완벽해지라고 말을 하는 거라고 한다(그럼에도 어째서 다른 사람의 몸에 대한 지적을 아무렇지 않게 할 수 있는지에 대해선 의문이다). 덕분에 자연스레 어깨가 넓은 사람들과 나를 비교하기 시작했고 내 타고난 골격을 원망하기도 했다. 심지어는 사람들과 대화를 하면서 은연중에 나와 상대방의 어깨넓이를 눈대중으로 비교하기에 이르렀다. 외과 전문의도 아니고 어깨에 그렇게나 관심을 갖고 관찰하다니. 어깨넓이가 괜찮은 사람들이 "제 어깨는 좁아요."라고 말하면 모두 기만적으로 보였다. "저게 뭐가 좁은 거야! 난 저 사람보다 더 좁은데…."

난 이 끝없는 비교지옥에서 어떻게 해야 벗어날 수 있을까? 비교란, "둘 이상의 무엇의 공통점이나 차이점을 파악하는 것"이다. 사전적 정의만 보면 비교 그 자체만으로는 전혀 나쁠 것이 없다.

"저 사람은 생각하는 게 나랑 비슷하네!"도 비교이고, "난 이렇게 생각하는데 저 사람은 저렇게 생각하네."도 비교다. 전자와 후자 모두 감정이 담긴 문장이 아니다. 사실 그 자체일 뿐이며, 은연중에 누구나 자연스럽게 하는 게 비교다. 비교하는 자신을 받아들이되 초점을 두어야 할 것은 비교의 부산물인 감정이다.

우리가 비교에 대해 안 좋은 인식을 가지고 있는 이유는 비교가 종종 질투, 시기심, 열등감, 상대적 박탈감, 자기비하와 같은 부정적인 감정이랑 연결되기 때문이다. 경쟁과 서열 위주의 교육 시스템에서 나는 끊임없이 비교와 싸워야 했고, 그 과정에서 나보다 뛰어나고 잘난 친구들을 보며 내 자신을 깎아내린 적이 많았다. 외국어고등학교에 합격했지만, 입학한 첫 해 치른 반 배정 배치고사에서 나는 꼴찌에서 3등을 했다. 그때의 허망함과 수치심 그리고 나 자신에 대한 실망은 이만저만이 아니었다.

미디어에서도 출연자들이 서로 외모를 깎아내리면서 웃음을 자아내는 장면을 심심치 않게 볼 수 있다. 이런 문화는 자존감에 상처를 낸다. 아무리 내가 나를 사랑해주자고 해도 다른 사람들이 계속 부정적인 말을 던진다면 어떻게 자유로워질 수 있을까? 사회 분위기가 점점 외모 지적을 경계하는 쪽으로 발전하고 있다는 느낌은 들지만, 전반적인 문화가 그렇게 되려면 아직 시간이 더 걸릴 것 같다. 우리는 아무튼 그 과도기를 살아나가야 하니 외모 지적이나 비교를 극복하는 각자만의 방법을 터득하기를 바란다.

비교의 동기가 모든 걸 다 갖고 싶어 하는 자신의 욕심 때문은 아닌지도 잘 살펴볼 필요가 있다. 어느 하나 부족한 점 없는 완벽한 인간이 되면 얼마나 좋겠는가. 하지만 사회의 기준에 따른 완벽한 존재가 되기 위해 이것도 잘하고 저것도 잘하려고 하는 것은 욕심이다. 비현실적인 이런 허상에 이르기 위해 비교하고 결핍을 느낀다면 삶에 지칠 뿐이다.

아직도 여전히 자동적으로 비교를 하고 그로 인해 내가 작아 보일 때가 있지만 이제는 비교를 덜한다. 지금의 나는 내 수준에 맞는 어깨운동을 매일 하면서 성취감에 행복을 느낀다. 과거와는 달리 더 이상 나 자신을 혐오하지도, 어깨가 넓은 다른 사람들을 보면서 열등감을 느끼며 부정적인 감정에 휩쓸리지도 않는다.

지금 사회에서 '취준생'으로 산다는 것

6월에 끝난 마지막 학기를 기점으로 대학생활의 마침표를 찍고 본격적으로 취업준비의 길로 들어서면서 곧바로 냉혹한 현실을 마주하게 되었다.

고등학교 1학년 때 희망 진학대학 작성란에 SKY(서울대, 고려대, 연세대를 일컫는 약어)를 패기 있게 적어냈던 것처럼 아직은 취업의 현실을 잘 몰랐기에 초반에는 '근거 없는' 자신감이 넘쳤다. 7월부터 취업을 본격적으로 준비하며 제조업이 주산업인 우리나라에서 문과생의 취업은 녹록치 않다는 걸 알게 되었다. 인터넷에서 볼 때마다 피식 웃었던 '문송합니다(문과+죄송합니다)'라는 말이 더 이상 우스갯소리로 느껴지지 않았다. 문과생에게 해당하는 신입 채용 정원은 한숨이 나올 만큼 적었다. 더욱 숨 막혔던 건 '○명'을 뽑는 그 좁은 문으로 몰려들, 나와 같은 지원자들이 수도 없이 많음을 깨달았을 때였다. 그 사람들 말고 내가 채용되길 원하는 순간 그들은 모두 같은 입장의 취준생이 아니라 이겨야 할 경쟁자로 바뀐다. 경쟁의 세계에서 경쟁자들의 스펙을 확인하는 순간 불안감은 커져만 갔고, 그에 비해 내 스펙은 보잘것없어 보였다. 나, 취업할 수 있을까?

취준생이 되면 마음이 힘들다고 들었지만 정말 이 정도로 힘들지 몰랐다. 내가 도대체 왜 이렇게까지 마음이 힘든지 정리해보니 세 가지로 요약되었다.

첫째, 내가 가고자 하는 길에 대한 확신과 자신이 없어져간다. 모든 게 막막하고 불확실한 상황에서, 나에 대한 믿음이 사라지는 것만큼 치명적인 건 없다. 하지만 그 치명상에 우린 너무 쉽게 노출되어 있다. 10대, 20대라는 나이에 자기가 무엇을 좋아하고 무엇을 잘하는지 명확하게 아는 사람이 얼마나 될까? 자기 자신에 대한 충분한 이해와 경험이 뒷받침되어야 하는데, 청소년과 청년들에겐 이를 충족할 만한 절대적인 시간과 기회가 너무도 부족하다. 확신을 갖기가 힘드니 취업준비를 하는 많은 친구들이 본인의 선택에 의구심을 가질 수밖에 없다.

나는 대학교 6년 동안 경영학을 공부했고, 좋아했고, 일련의 경험들이 연결되어 마케팅과 서비스 기획을 준비하겠다는 마음이 확신에 가깝게 들었다. 그러나 서류 탈락, 면접 탈락 앞에서는 확신에 가까운 마음이 의심이 되고 나약해져갔다.

경쟁 교육 시스템에서 심적 기반이 약해진 요즘 청년들에게 연속된 취업 실패는 치명적이라는 걸 증명하는 듯 원하던 회사의 면접에서 탈락한 후에 씁쓸한 마음을 씻기가 어려웠고, 그 후로도 계속되는 1차 서류 탈락에 정신을 차리기 힘들었다.

'내가 마케팅을 잘할 수 있는 사람인 건 맞나?'

'내가 마케팅을 좋아하기는 하는 걸까?'

'왜 나는 이것에 대해 아무것도 준비하지 않았지?'

'결국 내가 뭘 좋아하는지, 뭘 잘하는지 모르니 일단은 연

봉과 네임 밸류가 높은 직장에 맞춰 준비를 해야 하려나?'

수십 번, 수백 번 탈락해도 끊임없이 도전하는 친구들이 있다고도 하는데 나는 그저 몇 번의 탈락만으로도 자기의심에 휩싸였고, 좁은 취업문이라는 현실 앞에 쉬어가는 것 말고는 선택지가 없어 보였다.

둘째는, 탈락에서 다시 일어나야 하는 상황이다.

"어려운 상황이 닥쳐도 이겨낼 수 있는 힘을 가졌네요."

고등학교 때 운 좋게 받았던 심리상담 때 상담선생님께서 해주신 말이다. 취업준비를 하면서 이 말이 떠올랐고 의심했다. 서류, 과제전형, 면접 등에서 떨어지고 나서 그 상황을 이겨내기는커녕, 정말이지 아무것도 하기 싫었다. 자소서 작성부터 시작해 그 과정을 다시 해야 하는 게 너무도 고통스러웠고 그래서 하기 싫었다.

아래는 내가 취준 도중 블로그에 적은 문장 그대로다.

"아무것도 하기 싫다. 마케터가 하고 싶은 건지도 모르겠다."

녹다운을 당한 후, 감정의 지배를 받지 않고 불굴의 의지로 일어나는 '좀비 복싱선수'가 되어야 하는데, 그때의 난 '에라, 모르겠다. 그냥 이 상태로 누워 있고 싶다.' 하는 감정에 짓눌려 있었다. 그럼에도 취업은 하고 싶으니까(이쯤 되면 '해야 되니까'로 바뀐다) 억지로 일어나 컴퓨터 책상 앞에 앉아 채용공고를 살펴본다. 이런 마음으로 임하니, 점점 무념무상으로 기업에 지원하게 되었다. '대충' 기업분석을 하고 기존 자소서를 '적당히' 수정해서 넣는다. 이제는 떨어져도 별 타격도 없다.

의지는 없는데 억지로 몸만 일으킨 선수가 되어있었고 일어나자마자 혼자 넘어졌다. 그렇게 여러 날이 지나고서야 의미 없는 원서넣기를 잠깐이라도 그만하기로 마음먹게 되었다.

취업준비를 하면서 힘들었던 셋째 요인은, 의외로 주변 사람들의 기대와 응원, 지지였다. 평소에는 힘이 되었던 가족들과 친구들의 기대와 관심이 취준 상황에서는 부담으로만 느껴졌다.

"네가 지금까지 안 된 게 없잖아. 오늘 날이 좋은 거 보니 좋은 소식이 오려고 그런가 보다."

나를 향해 보내는 신뢰의 말이 이토록 부담스러울 수 있다니…. 면접을 볼 때마다 가족은 힘을 주었지만 결과가 안 좋을 것 같아서 마음이 너무도 착잡했다. 떨어졌다는 소식을 들은 가족들은 "무영이를 채용 안 하는 회사가 바보네, 바보야."라고 위로를 했지만 그럴수록 더 착잡했다. 그런 말은 나를 과대평가하는 말이고 그 평가와 다르게 평범한 나는 내색하지 않으려 꾹꾹 참았지만 속으로는 예민해져 갔다. 그래서 주변 사람들이다 없었으면 좋겠다고까지 생각하게 되었다. 무시하려 해도, 한 귀로 흘리려 해도, 그들의 기대와 믿음이 너무나도 크게 다가왔고 그 기대를 충족시키지 못하는 사람이 될까 봐 두려웠다.

'좋은 회사에 못 들어가면 진짜 어떡하지?'

시간이 흘렀고, 이제야 조금 알 것 같다. 그들은 나 자신도 믿지 못한 내 잠재력을 믿어주고 기다려준 사람들이라는 걸 말이다. 힘든 시기를 보내면서 주변 사람들의 애정마저도 부담으로 느꼈던 나와는 다르게, 앞으로 세계를 마주할 청소년들은 자기 자신을 너무 낮게 평가하지 않기를 바라는 마음이다. 결과에만 집중하면서 스스로의 마음을 좁히고, 다른 사람들의 진심마저도 보지 못하면서 살지 않았으면 좋겠다. "넌 잘할 거야. 잘될 거야."라는 말의 의미는 지금 당장의 시험과 취업의 결과와는 상관없이 삶을 잘 살아나갈 것이라는, 더 따뜻하고 깊은 믿음이라는 걸 기억하길 바란다.

인생의 목표가 취업은 아니지만, 자신의 일을 선택해서 경제적 능력을 갖춰야 하는 청년 시기에는 취업(직업)이 목표가 될 수밖에 없다. 취업을 준비하는 기간에는 대체로 외롭고, 실패를 맛보고, 자존감과 자신감도 떨어진다. 나 역시 그랬다. 너무 매몰되는 것 같아 잠깐 휴식은 취했어도 취업준비를 해야 하는 상황 자체를 아예 외면하지는 않았다. 결국 취업을 해야

이 시기가 끝난다는 걸 알고 있었기 때문이다. 물론 취업 말고 전문직 시험 공부나 자기 사업으로 넘어갈 수도 있지만, 직업인으로서 거듭나기 위한 시간을 거쳐야 한다는 건 누구나 똑같다. 그렇기에 취준생은 결국 정면 돌파다.

친구들은 취업준비를 하면서 자신의 인간관계 폭이 좁아지다 못해 소멸되기 전이라고 말한다. 취준생들은 괜히 의기소침해지고 누군가에게 연락도 못 한다. 우리 사회에서 취준생은 자신의 목표를 이루고자 준비하고 있는 멋진 사람이라기보다는 가엾은 존재로 여겨진다. 나의 소속과 정체성이 불확실해서이기도 하고, 워낙 사회적인 상황이 어려워 결과가 희망적이지 않기 때문이기도 하다.

현재와 미래가 모두 불확실하다고 해서 나라는 사람을 깎아내리는 것은 경계해야 한다. 취준생으로서의 나는 불안하지만 강무영으로서의 나는 여전히 좋은 사람이고 괜찮은 사람이다. 일자리만 아직 못 구했을 뿐 내가 못난 건 아니기 때문이다. 그래서 나는 대기업에 다니는 친구들을 만나더라도 기가 죽거나 의기소침해하지 않았다. 취준생으로서의 나, 그리고 고유성으로서의 나를 같은 정체성으로 놓지 않고 분리할 필요가 있다.

취업준비를 하면서 일상생활이 안정되고 건강했던 시기가 있었다. 서비스 기획이라는 직무를 더 깊이 있게 공부하고 해당 직무 관련 포트폴리오를 만들기 위해 직무부트 캠프를 다닐 때였다. 오전 9시부터 저녁 6시까지 직무강의와 토론들로 시간이 차 있었고, 매일 과제를 수행해야 했다.

이 직무부트 캠프가 끝나면 경쟁력 있는 취준생이 되어 취업할 수 있을 거란 희망이 있었고, 날마다 수업과 과제를 쳐내기에도 바빠 다른 생각을 할 틈이 없었다. 그리고 틈틈이 라이브세션과 다른 수강생들과의 토론이 잡혀 있어서 외롭지 않았다. 이렇게 하루 일정을 바쁘게 끝내면, 난 도피성이 아닌 편안한 마음으로 저녁밥을 먹고, 동네 공원에 가서 운동을 하고, 집에 돌아와 유튜브를 보며 휴식을 취할 수 있었다. '데일리 투두 리스트(daily to-do list)'를 날마다 일정 데드라인 안까지 끝내면 휴식을 취한다'는 단순한 프로세스를 지키면 건강한 취준생활을 할 수 있다는 경험을 한 것이다.

현재는 취업을 해서 원하던 직무를 배우는 중이고 새로운 세계를 경험하면서 하루하루를 살고 있다. 이제 비로소 이 일이 하고 싶은 게 맞는지 검증의 시간을 거쳐 가고 있다. 취준생활이 더 길었더라면 불안에 휩싸여 자존감이 바닥으로 떨어지지 않았겠느냐는 질문을 종종 받는다. 기간이 무한히 길어졌다면 분명 버겁고 감정 기복이 심해 힘들었겠지만 한편으론 그럴수록 더욱 '나'를 공격하지 않으려고 애썼을 거라 생각한다.

취업에 성공해야 내가 완성된다는, 지금 사회가 심어준 생각을 맹신하지 않기 위해 싸우고 버텼을 것이다. 오래 걸렸다. 이제 내가 걷고 싶은 길을 뚜벅뚜벅 걸으며 매일을 살아가는 법을 조금은 안 것 같다. 그냥 이렇게 계속 찾아가는 것, 그것이 나답게 사는 것 아닐까?

스물아홉 다솜

대안학교에서 배운 내 삶의 중심

대부분의 사람들이 하는 선택,

다수가 당연하게 여기는 방향과 다른 선택을 해도

인생이 무너진다거나, 유별나진다거나, 대단한 사람이 된다거나,

뒤처진 사람이 된다거나, 불행해지지 않는다.

물론 모험에 찬 선택을 하는 것이 쉽지는 않았지만

그 결과 나는 적당히 행복하고 적당히 불행한 사람이 되었다.

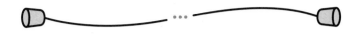

내 마음이 끌리는 것을
배운 시간

늘 '다수와 다른 선택'을 해온 삶

청소년 시기에는 사회의 보편적인 기준과 틀의 영향을 많이 받는다. 특히 '공부해야 하는 시기', '미래를 위해 투자하는 시기'라는 사회의 압력이 강하게 작용한다. 그런 면에서 청소년 시기에 내가 가장 잘한 일은 졸업할 때마다 '다수와 다른 선택'을 한 것이다. 항상 당당하고 자신있고 확신이 있어서 그러했던 것은 아니다. 실은 두려움과 걱정이 가득한 채 잘하는 걸까 하는 고민을 끌어안고서 모험을 했던 거다.

중학교를 졸업할 때 다수가 선택하는 공교육 고등학교 진학을 선택하지 않고 '대안학교'를 선택한 것은 큰 모험이었다.

내가 가보지 않은 길, 부모님과 주변 사람들도 가본 적 없는 그 길을 선택하면서 내 삶은 다수와 많이 달라졌다.

고등학교를 졸업할 때는 대한민국 고3 대부분이 선택하는 대학 진학을 선택하지 않았다. 대안고등학교에서 3년이라는 시간을 보냈기에 중학교 졸업 때의 선택보다는 확고함이 있었다. 물론 마음 한 켠에 걱정이 도사리고 있었지만, 스무 살이면 대학교 1학년으로 사는 것을 당연하게 여기는 대한민국 사회에서, 대학 진학을 하지 않고 스무 살을 맞이하는 모험의 길을 걸어감으로써 또 한 번 다수와 다른 선택을 했다.

이런 선택들에 후회가 없는 건, 대단한 것을 배웠다거나 스스로 특별해졌다고 생각해서가 아니다. 앞으로 살아갈 인생에 중요한 배움을 얻었기 때문이다.

우선, 다수가 하는 선택과 다른 선택을 해도 인생에 별다른 일이 일어나지 않는다는 걸 알게 되었다. 대부분의 사람들이 하는 선택, 다수가 당연하게 여기는 방향과 다른 선택을 해도 인생이 무너진다거나, 유별나진다거나, 대단한 사람이 된다거나, 뒤처진 사람이 된다거나, 불행해지지 않는다. 물론 모험에 찬 선택을 하는 것이 쉽지는 않았지만 그 결과 나는 적당히 행복하고 적당히 불행한 사람이 되었다. 분명한 것은, 앞으로 어떤 일이 닥쳐도 중심을 잡고 줏대 있는 선택을 할 수 있을 거라는 자신감이 생겼다는 것이다.

또 기회를 놓치거나 선택을 잘못해도 되돌아갈 수 있는 수많은 방법이 있다는 사실도 알았다. 한 번의 선택으로 내가 나 아닌 다른 존재가 되지는 않는다. 그래서 지금 나는 예전보다 덜 두려워하며 살아가고 있다.

하고 싶은 것에 더 가까이, 나의 꿈 변천사

중학교 때까지는 '꿈'이라고 하면 직업으로 생각했다. 꿈이 뭐냐는 질문은 커서 어떤 직업을 가질 것인지 묻는 것으로 받아들였고, 나 또한 어떤 직업을 얘기해야 한다고 자연스럽게 생각했다. 어린 시절엔 간호사, 선생님 등을 생각했고 이후 작가 혹은 패션 디자이너 정도로 확장되었는데 내가 뭘 좋아하는지가 반영된 것이라기보다는 특정 직업에 대한 막연한 이미지나 환상 때문이었을 것이다.

중학교 때는 오히려 주변에서 '꿈에 너무 압박감을 가질 필요 없다', '꿈이 없을 자유도 있다'는 이야기를 해주는 사람들이 있어서 꿈을 정하지 않기로 했다. 사실 딱히 되고 싶은 것도 없었고 현재가 재밌고 매일매일 흥미진진했기 때문에 그냥 그 순간을 즐기며 보냈다.

그런 중학교 시절을 거친 덕분인지 대안고등학교의 영향인지, 어느 순간부터 꿈을 직업으로 한정 짓지 않고 어떤 분야에서 일하고 싶은가로 바꿔 생각하게 되었다. 예를 들어 영화 연출이나 미디어 아티스트 분야 같은 것들에 관심을 가졌는데, 아무래도 간디고등학교는 예술을 환대하고 장려하는 분위기여서 이를 발산할 수 있는 기회를 많이 가졌기 때문인 것 같다.

나의 학창시절은 매일매일 하고 싶은 게 너무도 많아서 오히려 정신없는 나날이었다. '하고 싶은 일'을 꿈이라고 전제한다면 꿈이 없었던 적은 한 번도 없었다. 늘 뭔가 하고 싶어 했던 걸로 기억한다. 무엇이든 다 해보고 싶은 날들이었다.

고등학교 3학년이 되어서는 내가 살아갈 생활의 방식이나 삶의 모습을 꿈꾸게 됐다. 고3 일 년 동안은 졸업하면 마음 맞는 친구와 산속에 들어가 살아보고 싶었고 말 그대로 그게 꿈이었다. 졸업하자마자 막상 해보려니 자신이 없어져서 바로 포기했지만 늘 그렇듯 꿈꾸는 순간은 가장 재밌고 설렌다.

꿈에 대해 이야기할 때 부모님 이야기를 빼놓을 수 없는데, 어머니는 내가 꼬마 시절에 '피아니스트'를 시키려고 했단다. 그런데 피아노학원 원장님한테

"어머님, 다솜이는 피아노를 별로 좋아하지 않아요. 게다가 본인이 원하는 정도 이상으로는 절대 하지 않는 아이랍니다."

라는 말을 듣고 포기했다고 한다. 그리고 그 일이 나를 이해하는 데 큰 도움이 되었다고 한다. 아버지는 나에게 워낙 바라는 게 없었고 뭐가 됐으면 좋겠다고 한 적이 없다. 다만 딱 한 번 "네가 기자를 했어도 참 잘 어울렸을 것 같다."라고 하신 적은 있다. 그러나 두 분 모두 자신의 생각과 마음을 내색하지 않으셨기 때문에 나에게 부담을 주신 적은 없다. 부모님이 꿈을 강요하지 않았다는 점이 나에겐 가장 행운이고 축복이라고 생각해 어른이 된 지금도 늘 감사하다.

하지만 꿈을 꾸기 위해서는 무언가를 해야 한다. 먼저 자의에 의해서든 타의에 의해서든 자신에 대해 치열하게 고민해보는 것이 가장 중요하다. 꿈을 찾는 과정에서 나를 찾을 수도 있고, 나를 찾는 과정에서 내 꿈을 찾을 수도 있다. 더불어 다양한 경험이 꿈을 실현하는 데 도움이 되는 건 분명하다. 물론 어떤 경험이든 스스로 선택한 것일 수도 있고 어쩔 수 없이 해야 하는 것일 수도 있겠지만 하기 싫은 일을 꾸역꾸역 하다가 은근 얻어걸리는 선물이 있기도 하니 하고 싶은 일만 해야 하는 건 아니다.(그럴 수도 없고.) 하고 싶은 경험과 마음이 내키지 않는 경험 모두가 꿈을 찾고 자신을 알아가는 데 중요한 역할을 하는 건 분명하다.

무엇이든 시도해보는 재능

　나는 재능이 많은 사람은 아니지만 내가 어떤 재능을 갖고 있는지는 잘 알고 있다. 고등학교 시기를 대안학교에서 보내서 많은 것들을 시도해볼 수 있었던 덕분이라고 생각한다.

　금산간디고등학교는 일반 공교육 고등학교처럼 교과 과정에 따라 공부하는 것이 아니라 자신이 듣고 싶은 수업을 선택해서 듣거나 주도적으로 프로젝트를 만들어서 추진할 수 있다. 무엇보다 세상을 바라보는 훈련을 하는 시간이 많다. 철학과 인권, 성인지 감수성 등을 지식 학습의 방식이 아니라 책을 읽고 다 같이 토론하고 자신의 생각을 발표하는 방식으로 배운다. 그렇다 보니 자연스럽게 나만의 철학이 정리가 되고, 세상이슈에 대해 자신만의 정의를 내릴 수 있게 되는데 그것이 지금까지도 삶에 큰 도움이 된다.

　간디학교에는 평화서클이라고 해서 학교 구성원 모두와 돌아가며 마음을 터놓고 대화를 하는 시간도 자주 갖고, 같은 기수(같은 학년)끼리 소풍이나 캠프를 가서 우리 스스로 만든 프로그램을 진행하면서 친목을 다진다. 그러다 보면 서로의 고민을 잘 알게 되고 서로를 응원하는 장이 된다. 금산간디 졸업생들은 협동조합 등의 일을 하면서도 같은 방식으로 멤버들과 소통하며 일을 추진하고 갈등을 해소한다.

간디학교에서는 경쟁이나 서열 그리고 비교가 없다. 경쟁이 없다 보니 뭔가를 더 잘하는 사람과 잘하지 못하는 사람으로 나뉘는 게 아니라, 이것을 해보고 싶은 사람과 저것을 해보고 싶은 사람으로 나뉜다. 철저하게 자신의 욕구에 맞춰져 있어서 몸치인 사람도 춤 동아리에 들어가 축제 무대에 설 수 있고, 만들기에 소질이 없는 사람이 목공에 도전하면서 기본기를 배워가기도 한다. 게다가 워낙 발표 시간이 많아서 학교자치회, 동아리, 프로젝트, 수업 발표 등 3년 내내 사람들 앞에서 발표하고 토론하고 말하는 게 일상이다. 그래서 다른 사람들 앞에서 발표를 하거나 말을 할 때 긴장되지 않고 두려움이 없다. 오히려 말하는 걸 매우 좋아하는 편에 속한다고 할 수 있다.

간디학교에서는 말 그대로 재능이 있는지 없는지 소질이 있는지 없는지가 중심이 아니라, 내 마음이 끌리는지 안 끌리는지 그것을 배워보고 싶은지 아닌지가 중요하다. 관심과 취향에 맞추어 시도하고 포기하기를 자유롭게 하다 보니 아주 많은 것들을 경험해보게 된다. 5~6개 동아리 활동을 하면서 아침부터 밤까지 꼬박 자신이 하고 싶은 것을 하면서 시간을 보내는 아이도 있다.

동아리 형태로 다양한 예술 활동도 해볼 수 있는데 밴드,

춤, 그림, 운동 등 정말 다양하다. 그중에서 내가 도전한 일은 '영화를 만드는 일'이었고, 공모전에 출품하는 등 다양한 시도를 하면서 내가 뭔가를 기획하고 창조하는 일에 관심이 많다는 걸 발견했다. 스트레스를 엄청 받으면서도 영화 공모전에 출품하기 위해 작품을 만든 경험이 지금도 가장 가슴 뛰는 경험으로 남아있다. 그때의 경험을 통해 내가 그 길로 쭉 가기는 어렵겠구나, 의지만큼 잘하지는 못하는구나 하는 판단이 들어서 포기했지만 경험만큼은 아주 값지게 남아있다. 지금은 그냥 영화 보는 걸 좋아하는 사람이 되었고 꽤 괜찮은 선택이었다고 생각한다.

나의 새로운 시도는 여전히 현재진행형이다. 고등학교 때부터 심리학에 관심이 많았는데, 사람을 관찰하는 것이 좋고 그 사람의 말과 행동의 기반이 무엇일지에 관심이 많이 갔다. 그래서 더 깊게 공부해보고 싶은 마음에 '내 인생에 대학은 없다'며 밀쳐두었던 대학교에 뒤늦게 진학했고 심리학을 전공하면서 큰 만족을 느끼고 있다. 지금은 간디학교에서 아이들에게 심리학 수업을 하는데 이 일이 나에게 잘 맞는다는 생각이 들어서 학교 상담교사를 해보려고 공부를 시작했다. 20대의 마지막 도전이라고 생각하고 임용고시를 준비 중인데 합격해서 아이들을 현장에서 만날 수 있다면 더없이 좋겠다. 혹시 뜻대로 되지 않더라도 나는 또 뭔가를 시도하면서 좋아하는 일을 계속 해나갈 것이다.

이렇게 나의 청소년 시기는 나의 소질과 재능이 다른 사람보다 얼마나 뛰어난지를 가늠해보는 시간이 아니라, 현재 내 마음이 어디로 쏠리는지를 탐색하는 시간이었고 그때의 경험이 축적되어 지금의 내가 되어있다. 언제든 원하는 것을 향해 힘차게 발을 내디딜 '나'.

누군가 잘하는 게 뭐냐고 물으면 좋아하는 것을 시도해보는 데 재능이 있다고 말하고 싶다. 잘 되지 않는다고 해서 스스로를 가치 없는 사람이라고 공격하지 않을 자신이 있다. 그래서 나는 재능이 많기도 하고 없기도 하다. 그저 나의 다양한 재능을 탐구하고 실험해볼 수 있는 날들이 많이 남아있음이 좋다.

그냥 해보는 것의 힘

꿈을 갖는 것만으로 얻을 수 있는 두 가지가 있다.

하나는 나를 멋지고 가치 있게 만들어가는 과정이고, 또 하나는 나의 수준을 알고 인정하는 것이다. 꿈이 있다면 무언가에 도전하고 시도할 용기가 생기고 그 덕분에 제법 멋진 사람이 될 수 있다. A를 이뤄내고 싶으니까 B, C, D의 경험을 해볼 거야! 라고 한다면 삶이 풍성해질 뿐 아니라 그 과정에서 아주

작은 성공이라도 한다면 그 성공 경험이 나를 좀 더 당차게 만들어준다. 다양한 경험을 할 때 삶 또한 풍성해지는 건 당연하다. '두루미책방'을 운영해본 것과 돈 벌 목적을 두지 않고 (실제 많이 못 벌었던) '들락날락협동조합' 일을 해본 것이 이에 속한다.

스물일곱 살 말에 금산시장 청년몰에 동네 책방을 열었다. 참고서 비율이 높은 동네 서점들과는 결이 다른, 다소 낯선 책방이었는데 금산에서 쉽게 볼 수 없는 책들을 소개하는 공간을 만들겠다는 취지로 시작했다. 책이 많지는 않았지만 그 덕분에 국내 독립출판사 책들을 만나볼 수 있었다. 그 당시에 책방을 운영하는 여러 사람들의 인터뷰를 접하면서 큰돈을 벌 목적이라면 책방은 할 게 못된다는 생각이 들었다. 하지만 나는 책을 팔아서 돈을 버는 것보다 지역 청년들의 협력과 연대의 가치를 살리는 데 관심이 컸다. 공간이 생기니 여러 시도를 해볼 수 있었다. 주민들과 함께 뜨개질을 배우거나 드로잉을 하면서 소통을 하고 금산 지역 청년들이 연결되는 장이 되면 좋겠다는 바람으로 이상과 가치를 실현하기 위해 노력했다. 그 노력의 시작이 금산 청년문화예술협동조합 '들락날락' 입사였고, 문구류와 인테리어 소품, 쌍화차 같은 물품을 판매하는 '여우잡화점'이라는 잡화점에서 일하다가, 이어서 '두루미책방'까지 여는 것으로 이어졌다.

하지만 여러 프로젝트를 시작하는 시점에 코로나19의 여파로 지역 모임과 청년들과의 연대가 수월하지 않았고 그 때문에 마음고생도 많았다. 지금은 다른 사람에게 역할을 넘겼지만, 지난 2년의 경험은 내 인생에서 가장 찬란하고 과감한 도전이었다고 자부한다. 지원을 받아 큰 규모의 프로젝트를 진행하면서 지역 축제 등에서 일을 벌이고, 다른 청년단체와 연대해 같이 일해보는 경험도 하고, 공공기관과 일하면서 문서를 작성하느라 며칠 밤을 새워보기도 하고, 마감 날짜를 지키지 않는 동료를 굳은 인내로 기다려보기도 했다.

그러면서 얻게 된 것은 무엇보다 '나'라는 사람에게 더 기회를 줄 수 있겠다는 담대함 같은 거였다. 다른 도전을 할 때 예전보다 더 과감하게 해볼 수 있을 것 같았다. 또한 현재 나의 수준을 잘 알게 된 게 소득이었다. 지금 수준은 이걸 하기엔 턱없이 부족하구나, 이걸 하기엔 재능이 없구나 하고 인정하는 순간이 있었는데 그것이 부정적으로 다가오기보다는 더 자유로워지는 느낌이었다. 막연하게 하고 싶다는 생각만으로 먼발치로 미뤄두었던 것들이 내 안에 들어와 소화되면서 내 일부가 되어 나를 형성해주는 느낌이었다.

좌절해보면 겸손해질 수 있고, 겸손해진 만큼 담아낼 수 있는 폭이 넓어지고 품이 커진다. 안 되는 일을 포기할 줄 아는 것도 정말 멋진 일이다.

"우와, 저 사람은 저걸 잘하네. 나는 잘하지 못하는데…. 하지만 나는 다른 걸 잘할 수 있지."

이렇게 생각하게 된다면 가장 좋은 일 아닐까?

내가 원하던 꿈을 이루면 가장 좋을 것이다. 하지만 꿈을 이루지 못하더라도, 꿈을 갖는 것만으로도 얻게 되는 것들이 있다. 그래서 꿈을 강요하고 싶진 않지만 또 한편으로는 '지금 해보고 싶은 일'이라는 꿈을 꼭 가지라고 하고 싶다. 꿈을 성공과 실패의 영역에 두기보다는 꿈이 지닌 반짝이는 면에 주목해보면 좋겠다.

대한민국에서
사춘기 청소년으로 산다는 것

청소년은 어리숙하고 부족하다고?

어른들은 대개 청소년이 '어른보다 낮고 어리숙하다'는 편견을 갖고 있다. 그리고 이는 청소년에게 투영되어 청소년 스스로도 자신이 어리숙하고 부족하다는 생각을 갖게 한다. 그래서 나는 청소년 때 작은 성취에 과도한 칭찬이 돌아오면 기분이 썩 좋지 않았다. 그 이면에는 청소년을 성인보다 낮게 보는 편견이 깔려 있다는 생각이 들었기 때문이다. 물론 청소년은 다른 어느 시기보다 혼란스럽고 변화가 많은 시기이기는 하다. 하지만 역사상 청소년이 인류를 위한 큰일을 한 경우가 많다는 걸 청소년과 어른들 모두 알았으면 좋겠다.

청소년 시기에 주체적이고 역동적이고 도전적인 자아를 형성하는 일은 무엇보다 중요하다. 어른들도 청소년을 한 '사람'으로 대하는 것이 중요하다는 걸 머리로는 알고 있다. 하지만 실제로 가정과 학교에서 벌어지는 일을 보면 결코 청소년을 주체적인 존재로 인정하지 않고 있음을 알 수 있다. 그렇기 때문에 청소년들도 시스템 안에서 자신에게 주어진 일을 기계적으로 하거나, 못 따라가면 포기하거나 회피하게 되곤 한다. 서툴고 어리숙한 결정도 스스로 해보고 책임지는 경험이야말로 자신의 삶을 완성해가는 과정인데 말이다. 나는 운이 좋게도(이렇게 표현할 수밖에 없다) 대안학교를 다닌 덕분에 입시 스트레스를 받거나 미래를 위해 현재를 저당 잡히지 않고 많은 경험을 할 수 있었지만 여전히 그렇지 못한 청소년이 다수다.

　정서적으로 너무 힘들면 계절의 변화를 못 느낀다고 한다. 현시대 청소년들은 계절의 섬세한 변화를 알아차리면서 지금을 살고 있는 걸까? 바람결이 달라진 걸 아는 것, 계절의 냄새가 바뀐 걸 아는 것, 새싹이 돋거나 잎사귀 색깔이 미묘하게 달라진 걸 안다는 것만으로도 내면이 건강하다는 증거가 아닐까 한다. 이와 마찬가지로 잘 살아가려면 삶의 사소한 변화를 알아채고 내가 얼마만큼의 속도로 가고 있는지 혹은 뒤로 돌아가고 있는 건 아닌지를 스스로 섬세하게 알아차리는 게 굉장히 중요하다.

자신의 변화와 자신을 둘러싼 주변의 변화를 섬세하게 알아차릴 수 있다면 삶의 방식이 어떠하든, 직업이 무엇이든, 한 달에 얼마를 벌고 얼마를 쓰든 그게 뭐 그리 중요한가. 미래를 위한 준비에 몰두할 수밖에 없는 상황에서 현재 자신의 정서와 일상을 세세하게 들여다보며 사는 청소년이 얼마나 될까를 생각하면 마음이 아프다. 청소년들이 조금만 더 미래가 아닌 현재의 삶에 집중하는 삶을 살면 좋겠다. 세상의 기준과 원칙에 나를 내맡기고 미래에 '잘 살기' 위해서 소중한 것을 놓치지 말고 지금 내가 어떤 계절을 지나고 있는지 느끼며 살기를 바란다.

자신이 지금 원하는 것이 무엇인지 살펴볼 시간이 주어지지 않고 청소년 스스로 내온 답을 신뢰하지 않는 문화 속에서 답답하고 무력할 때가 있을 것이다. 그렇다 해도 자신의 인생에 가장 관심이 많은 것은 자기 자신이다. 내가 진짜로 원하는 것이 무엇인지 더 힘있게 묻는 법을 알아가면 좋겠다.

내 격동의 사춘기에 보내는 찬사

사람들과 이야기를 나누다 보면 '10대로 돌아간다면'이라는 가정을 종종 하게 된다. 그런데 나의 경우 10대 시절을 떠올렸을 때 다시 돌아가고 싶거나, 돌아가서 바꾸고 싶거나, 아쉽다고 느껴지는 게 별로 없었다. 원래 지나간 일을 되돌려 생각하는 데 에너지를 들이는 편도 아니고 아쉬움이라는 감정과 친하지 않아서일 수도 있다.

서른을 앞둔 지금, 다시금 청소년기를 돌아보니 한 가지 떠오르는 것이 있다. 다른 사람의 시선과 의견에 신경을 덜 써도 되지 않았을까 하는 것이다. 다른 사람이 나를 어떻게 생각할지, 내 행동을 어떻게 평가할지에 대해 그때는 지금보다 신경을 훨씬 더 많이 썼고, 그것이 때로는 내 행동에 영향을 미치기도 했다. 아니, 실은 대체로 그랬다. 내가 하고 싶은 말이나 행동이 있어도 망설이고 다른 사람의 눈으로 스스로를 평가했다. 당시 나의 일상은 주로 그렇게 채워졌던 기억이 있다.

지금은 다른 사람의 시선과 평가가 나의 핵심적인 부분을 건드릴 수 없음을 알지만 청소년 시절에는 나보다 타인의 시선이 더 중요한 것처럼 굴었다. 지금 와서 그때의 모습을 해석해보자면, 나 자신과 갈등하고 타협하고 스스로를 설득하면서 '사회화'되는 과정이었다고 생각한다.

청소년기에 '다른 사람이 나를 이상하게 생각하면 어쩌지?' 하는 압박감이 있었던 만큼 이상한 사람 취급을 받을까 봐 나답지 않게 행동하기도 했고 그러다 보니 머릿속은 여러 생각들로 어지러웠다.

'왜 나는 이렇게 다른 사람을 신경 쓸까?'

'도대체 뭐가 두려울까?'

이런 생각을 계속해서 하다 보니 사람들 사이에 있을 때 에너지를 받기보다는 에너지를 잃는 경우가 많았다. 특히 내가 다닌 고등학교는 기숙사 생활을 했기 때문에 더 많은 에너지가 새어 나갔다. 그러다 학교 선생님과 상담을 한 뒤로는 긍정적인 면을 보려고 노력했고 그러면서 생각이 전환됐다.

청소년기에는 집, 학교, 친구가 내 세상의 전부라고 할 수 있고 특히 친구 관계가 관계망의 대부분을 차지하니 당연히 시선을 의식할 수밖에 없다. 좋은 모습을 보이고 싶고 사이좋게 지내고 싶은 마음이 다른 사람의 생각과 시선을 의식하게 만드는 것 아닐까? 다른 사람의 시선을 지나치게 의식해서 자기만의 색깔이 흐려지는 것은 문제지만 내 경우에는 그것이 좋은 작용을 하기도 했다. 다른 사람의 시선을 의식했기에 엉망진창으로 살지 않고 행동을 조심할 수 있었고, 그것이 선한 방향으로 성장하는 밑거름이 되었다.

'난 왜 이렇게 다른 사람을 의식할까?', '왜 내가 없을까?'라는 생각에 매몰되기보다는 적당한 선을 찾아가는 것이 중요하다. 때와 장소에 맞춰 의식해야 할 때는 해야 사회에서 적응을 잘하고 주변 사람들과 어울릴 수 있는 소통능력이 생긴다. 하지만 타인의 시선을 의식하느라 나의 고유한 면이 발휘되지 못한다면 과감히 내멋대로 굴어보는 경험도 필요하다.

나의 사춘기는 이렇게 끊임없는 생각과 고민으로 가득한 격동의 시간이었다. 격동의 사춘기를 보내본 사람이라면 알 것이다. 자기 자신이 제일 괴롭다. 사춘기를 겪고 있는 사람들은 자신이 이상해 보이고 영원히 이러면 어떡하나 하는 생각으로 불안하고 답답하다.

'사춘기'라는 시절을 지나왔기에 할 수 있는 말이지만, 자신의 사춘기를 조금은 너그럽게 바라봐주면 좋겠다. 사춘기 때는 말 그대로 혼란스럽다. 몸도 커지고 마음도 커지는데, 몸도 어떻게 못하겠고 마음도 제멋대로라 어떤 때는 닥치는 대로 부수고 싶은 마음이지 않은가?(설마 나만 그랬던 건 아니겠지?)

그 시절의 마음을 알기 때문에 지금 교육 현장에서 청소년들을 만나면서 여유롭게 대해줄 수 있다. 오히려 흔들림이 없고 맞는 말만 하는 청소년들을 더 유심히 보게 되는데, 이유는 그 아이의 말과 마음이 진정 자신의 것일까 싶기 때문이다. 물론 이러한 생각 역시 편견일 수도 있겠지만 말이다.(부디 자신의 사춘기를 잘 환영해주기 바란다.)

아, 그리고 격한 사춘기를 보낼 수 있다는 건 분명 축복이다. 청소년기에 겪는 혼란과 방황은 그 자체로 존중받아야 한다. 성인들은 누구나 그 시절을 지났고 그 시간이 있었기에 현재를 살고 있지 않은가. 그래서 격동의 사춘기라는 축복 같은 시기를 보내고 있는 청소년들에게 '부러운 마음'을 보내본다.

"여러분의 사춘기 멋져요. 진짜 부러워요!"

매일 미래가 불안하지만
오늘은 좋다

미래에 대한 불안을 대하는 자세

들락날락협동조합과 두루미책방 덕분에 신문 기사와 기자와의 인터뷰 등 여러 미디어에 소개가 됐다. 협동조합에 관심 있는 사람들이 찾아와 이야기를 들려달라고 하기도 했고, 모교인 금산간디고등학교에 학교설명회 등에 초대돼서 졸업생 대표로 발표도 여러 번 했다.

한번은 신문 기사에 이렇게 실렸다.

"아직 책을 찾는 수요가 많진 않지만 미리 걱정도 하지 않아요."

인터뷰할 때는 책방 초기라 호기롭게 말한 것 같은데 사실

나는 미래에 대해 늘 걱정이 많고 불안을 달고 사는 유형에 속한다. 늘 다양한 시도를 하는데다 다른 사람들이 만들어놓은 편한 길을 선택하지 않다 보니 주변에서는 내가 배짱 두둑하고 자신감 넘치고 항상 힘있게 밀고 나가는 스타일이라고 생각하지만 스스로를 관찰해볼 때 전혀 그렇지 않다.

'미래가 기대된다'라는 말에 잘 공감이 안 될 만큼 나는 미래가 늘 불안했고 지금도 여전히 불안하다. 미래는 정말 알 수 없기 때문이다. 어떤 일이 닥쳐올지, 그것에 어떻게 대비하면 좋을지 너무도 알고 싶은데 알 수가 없다는 사실이 불안을 키우고 어떨 때는 불안이 쓰나미급으로 몰려올 때도 있다. 아니, 책방을 열자말자 코로나19가 퍼지고 그 기간이 이렇게 오래 갈 거라고 내가 어떻게 알았겠냐고…(한탄의 코로나!)

나의 성격과 그간의 과정에 비추어 불안에 대해 한 가지 마음의 태도를 정했다. 바로 미래의 막연함을 받아들이기로 한 것이다. 물론 자연스럽게 되는 건 아니고 의식적으로 받아들이고 있긴 하지만. 여하튼 미래에 일어날 일을 내가 조정할 수 없다면 불안에 잠식되지 않고 수용하는 수밖에 없다는 사실을 깨달았다. 주어진 미래를 잘 받아들이자고 결심하는 것만으로도 불안을 어느 정도 의연하게 바라볼 수 있게 됐다. 그래서 결론적으로 현재 하고자 하는 일에 더 집중할 수 있게 되었다.

미래는 여전히 불안하지만 지금은 확실하다. 막연한 미래는 불안이 가득하지만, 내가 꿈꾸는 모습이 하나씩 실현되는 미래를 상상하는 '지금'은 명확하다. 흔들리지 않고 걸어갈 삶의 자세를 갖춘다면 불안을 불러오는 수많은 불확실성을 견딜 수 있다는 게 그동안 숱한 도전과 불안을 통해 얻어낸 가장 큰 이득이다.

10대에는 알지 못했던, 내 감정과 살아가는 법

10대에는 재능이 삶을 좌우한다고 생각했다. 재능이 있어야 직업을 가질 수 있고 어떤 분야에서 꿈을 꿀 수 있다고. 지금은 완전히 생각이 달라졌다. 다중지능에서도 말하듯이 지능이 높고 낮음보다 중요한 것은 자신의 지능을 융합할 수 있는 용기와 어디에서든 힘을 발휘할 수 있다는 믿음이다.

이렇게 말하려니 좀 부끄럽지만, 이제는 재능이 많아야 한다는 강박에서 벗어나 스스로가 점점 더 멋져지고 있음에 주목하곤 한다. '무던함'이라고 해야 할까, 어떤 일에도 덤덤함 비슷한 태도를 가질 수 있게 되었다. 누군가는 느긋함이라고 할 수도 있고 여유로움이라고 할 수도 있겠다. 한마디로 정의 내릴 수는 없지만 무던함에 능숙해졌다고 할 수 있다. 10대에는 이런 감정을 재능이라고 생각하지 못했다. 하지만 지금은 이런 태도야말로 어떤 일과 상황에 놓여도 잘해낼 수 있는, 좌절하지 않을 수 있는 재능이라고 생각한다.

상황에 대해, 선택에 대해, 관계에 대해, 말에 대해 예전만큼 까다롭게 굴지 않을 수 있다는 게 나이가 들어가면서 얻는 이점이다. 그래서 다가올 30대, 40대, 50대가 기다려지기도 한다.

예전에는 예민하게 반응했을 일에 의연해질 때가 점점 많아지는 게 신기하다. 가령, 재수 없게 구는 사람을 만났을 때 몇 년 전엔 3일 정도 씩씩거렸다면 요즘은 하루 정도 씩씩거리고 털어버린다. 예전엔 의미 없는 일에 3일치의 에너지를 썼다면 지금은 그 3분의 1만큼만 에너지를 허비한다는 것이니 이 얼마나 자원을 아끼는 일인가. 그 사람이 내게 준 불쾌함이 내 생활까지 침범하게 놔두면 안 된다는 사실을 알아낸 덕분이다.

씩씩거리는 시간을 줄이려면 먼저 감정을 검열하지 않고 쳐내지 않고 스스로 인정해주고 받아줘야 한다.

"너 진짜 기분 나쁘지? 정말 무례한 사람을 만났네. 충분히 불쾌할 만했어." 하고 스스로를 인정해줘야 불쾌하고 고통스러운 경험이 내 깊은 내면에 침투하지 않을 수 있다. 다행히도 내 마음과 감정을 스스로 잘 받아주는 재능을 갖게 되면서 나는 점점 더 멋져지고 있다.

시스템 밖에서 살다가 시스템 안으로 들어가다

두루미책방 대표직을 내려놓고 들락날락협동조합을 그만둔 뒤 2022학년도 임용시험에 본격적으로 뛰어들었다. 지역에서 작은 가게도 운영하고 활동가로 바쁘게 지내다가 수험생이 된 것이다. 아무래도 가장 크게 바뀐 것은 나를 둘러싼 사회적 환경의 변화다. 그동안은 사람들에게 둘러싸여 매일 시끌시끌 보내다가 책상에 앉아 하루에 적어도 8시간 이상 책과 씨름하는 상황이 되었으니까. 그래도 끝이 정해져 있는 일이기에 견딜 수 있다.

공부는 체력으로 한다고 했던가. 수험생이 되기 전 이 말이 잘 다가오지 않았고 낡은 말이라고 생각했는데, 공부하는 날이 쌓여갈수록 건강이 급격히 나빠졌다. 일을 할 때는 업무나 여러 예상하지 못했던 일들로 정신적인 스트레스가 있었다면, 시험공부를 하려니 중압감이라는 스트레스가 찾아왔고 체력 소진도 엄청났다.

공부는 자신과의 싸움이라고들 한다. 매일 아침에 일어나 책상에 앉고 책을 펴고 이론이 뼈에 박힐 때까지 지겹게 반복하는 일상이니까. 공부를 하기 싫은 나와 공부를 '해야 하는' 내가 매 순간 치열하게 전쟁을 한다. 하루에도 수백 번씩 마음이 떴다가 가라앉았다를 반복한다. 나 자신이 대견하게 느껴졌다가도 1분 후에 세상 초라한 인간처럼 느껴지기도 한다.

그러는 가운데 전과 달라진 부분을 꼽자면, 되도록 잘 지는 인생을 살고 싶어졌다는 것이다. 전에는 이기고 지는 것에 그다지 관심이 없었을뿐더러 둘 중 하나를 선택하라면 이기고 싶은 편에 속했다. 어려서부터 욕심도 많았고 늘 잘하고 싶었으니까. 그런데 공부하는 동안 지는 것, 그것도 아주아주 잘 지는 것이 중요하다는 생각을 많이 했다.

하루 해가 지고, 시간에 지고, 태양에 지고, 눈물에 지고, 사랑에 지고, 욕심에 지고, 미움에 지고, 졸음에 지고, 더위에 지고, 추위에 지고, 노래에 지고, 달빛에 지고, 봄날에 지고, 가을바람에 지고, 가랑비에 지고, 고양이에 지고, 다정함에 지고, 노란 불빛으로 지는 것. 바득바득 이기려고 애쓰기보다 그렇게 오만 가지에 지고 넘어지고 까지고 나서 다시 시작하는 것. 그 시작을 다시 환대해줄 수 있는 용기를 가지고 싶어졌다.

인생이 달리기 경주라는 건 오류다

성인이 되면서부터 내 선택은 늘 다수가 가는 템포와 비교할 때 한두 박자씩 늦었다. 두루미책방 창업과 들락날락 활동가로 일한 2년 동안의 경험이 없었더라면 스물아홉 살에 임용고시생 생활을 이렇게 충실히 할 수 없었을 거다. 그러니까 하나의 경험은 또 다른 경험을 시작하는 데 다리가 되어서 더 박차를 가할 수 있도록 도와준다. 지금 시도하는 임용고시가 나의 속도에 딱 맞고 지금이 바로 적절한 시기라 확신한다. 그 시기에 맞춰 최선을 다했으니 이걸로 충분하다!

20대를 한 달 남겨놓고 지난 10년을 돌이켜보곤 하는데, 매사에 서툴고 대책없이 패기 넘치기도 했지만 나름 만족스러운 20대를 보낸 것 같다. 하고 싶은 것을 하고 살았다는 것 하나는 확실하다.

청소년기처럼 20대들도 또래들과 자신을 자꾸 비교하게 된다. 나도 여기서 자유롭진 않았다.

'저 친구는 벌써 취업을?'

'저 친구는 벌써 저런 걸 하는구나.'

그러면서 나만 뒤처지는 것 같다는 생각을 했다.

그렇지만 인생이 달리기 경주는 아니지 않은가. 우리 삶이 모두 같은 출발선에서 시작해 모두가 같은 종착점에 도달해야 하는 건 아니다. 인생을 달리기 경주에 빗대어 표현하는 데에는 두 가지 큰 오류가 있다고 생각한다. 하나는 개인의 인생의 목표를 (도착점이 있는지도 모르겠지만 만약 있다면) 다른 사람이나 사회가 정한다는 오류다. 자기 인생의 종착점은 자기가 정하고, 도착한다면 자기가 디자인한 멋진 깃발을 꽂아야 한다.

다른 하나는 빨리 도착할수록 좋다는 오류다. 빨리 도착하는 것이 좋다면 때에 따라 혹은 상황에 따라 아니면 사람에 따라 아~~주 느리게 도착하는 것도 좋은 면이 있지 않을까? 아예 도착하지 못하는 것도 좋을 수 있다. 빨리 도착한 사람은 목표를 빨리 이뤘다는 성취감을 느낄 수 있으니 좋을 것이고, 아~~주 느리게 도착한 이는 돌아온 만큼 걸린 시간만큼 깊이를 가졌을 테다. 아예 도착하지 못한 사람은 샛길에서 엄청나게 멋진 풍경을 만났을 수도 있으니 그것대로 좋은 일이리라.

천천히 걷고 샛길로 빠졌던 나의 지난 경험들을 떠올리며 나는 더 이상 누가 만들었을지 모를 달리기 경주하는 표현에서 기권을 선언하기로 했다. 난 나의 속도로 내가 가고 싶은 길로 갈 거니까. 실은 달리고 싶은 생각도 없다.

만약 전문 상담교사가 된다면 이거 하나는 할 수 있을 것 같다. 존중해주는 것! 아이들의 속도와 목표와 인생의 경험을 존중해주는 것 말이다. 그리고 어쩌면 아주 잠깐이겠지만 아이들이 걷고 있는 그 길을 함께 걷는 기쁨을 누릴 수도 있을 것 같다.

스물넷 아현

안전한 모험가, 설레는 길을 찾다

꽤나 짜릿했고 설레었다. 공직자가 되기 위한

험난한 길을 한 걸음 내디딘 그 가치는 또 얼마나 큰가!

시험 성적도 중요하겠지만 내가 결정한 길을 걷는 과정에서

맨몸으로 부딪혀 얻은 깨달음과 경험도 소중했다.

백지수표를 줘도 못 사는 게 경험이니 말이다.

나는 지인들에게 답장을 보냈다.

"어땠냐고? 나는 이 직업이 아니면 안 될 것 같아!"

밝고 명랑하며 암울했던
나의 청소년기

'혼자'라는 위기감

　　나는 걸어 다니는 '인간 비타민'이라는 자아 이미지를 갖고 있다. 흥이 많고 시시때때로 노래를 불러서 '인간 주크박스'라는 별명도 있다. 자타가 붙인 이 두 개의 별칭이 말해주듯이 성격이 밝고 명랑한 사람이고 흥을 표출할 줄 아는 사람이다. 어린 시절부터 집과 학교, 친구들 사이에서 그런 아이로 통했고 그런 내가 마음에 들었다. 그래서 학생회 활동이나 방송반 활동, 동아리 활동에서 가장 열성적이고 적극적인 청소년이었다. 반장 출마도 꾸준히 했다. 스스로 원하기도 하고 친구들이 부추기기도 해서 리더 역할은 늘 내 자리라고 생각했기 때문이다.

친구 사이에 흔히 있는 사소한 다툼을 잘 해결해왔기에 고등학교 가서도 친구 문제로는 걱정이 없을 거라 자신했다. 그런데 고등학교 시절, 완전히 새로운 경험이 나를 찾아왔다. 실로 놀랍고 힘겨운 경험이었다.

'다른 사람과 사이가 안 좋아질 수도 있구나.'

'다른 사람이 나를 싫어할 수도 있구나.'

'내가 어둡고 울적하고 방황하는 사람이 될 수 있구나.'

가끔 그때의 경험을 떠올려보면 마음이 아리다. 늘 담임선생님 대신 학급 일을 도맡아 하던 아이가 담임선생님의 아픈 손가락이 되었고, 친구들을 상담실에 데려다주고 토닥이며 안아주던 입장에서 마음 기댈 곳을 찾지 못해 불안정한 마음으로 울면서 상담실을 들락날락하는 처지로 바뀌었다. 그 때문에, 아니 그 덕분에 지금은 안정적인 청년이 되어가고 있음에 스스로 환호를 보낸다.

"잘해왔다, 아현아!"

시작은 고등학교 1학년 반장 선거였다. 한 표 차이로 임시 반장이었던 아이(이하 Y)가 부반장이 되고 내가 반장이 되었는데 그 얘기가 순식간에 교내에 퍼졌다. 아마 Y나 Y의 친구들이 다른 반 친구들에게 이야기했을 것으로 짐작된다. 다른 반의

한 아이가 나에게,

"아, 네가 걔구나? 한 표 차이로 반장 된 애!"

라고 말하는 순간, 내 머리는 혼란으로 가득했다. 그것을 시작으로 선생님께서 시키신 일을 전달할 때나 학급 친구들의 의견을 모아야 할 때 Y를 포함해 학급 아이들 절반 이상은 단상에 서 있는 내 말을 들은 척도 하지 않거나 귀찮다는 눈빛으로 쳐다보기만 했다. 그때 내게 꽂히던 싸늘한 냉소의 눈빛이 아직도 생생하다. 그런 눈빛이 가득 차 있는 교실 앞 단상에 선 나는 한없이 작아지는 듯했다. 사람들이 나를 그런 시선으로 보는 건 17년 인생에 처음이었다. 처음으로 '혼자'라는 위기감을 느꼈다.

반복적으로 무시를 당하는 가운데 힘겹게 반장 자리를 지켜오던 나에게 두 번째 시련이 찾아왔다. 나를 싫어하는 무리에 속한 아이들의 마음을 최대한 내 편으로 돌리려 애를 쓰던 날이었다. 그 과정에서 나는 내 옆에 남은 친구들에게 신경을 쓰지 못했다. 고마움조차 표현하지 못했다. 그 탓에 고등학교에서 처음 사귄 친구 K와 I도 나에게서 등을 돌렸다. 그날부터 매주 일요일 밤은 무너져 내린 자존감과 죄책감에 휩싸였고 월요일 아침 등굣길은 마치 투명한 목줄에 강제로 끌려가는 듯한 기분에 사로잡혔다. 나락으로 떨어지는 듯한 위기감과 당장이라도 사라져버리고 싶다는 생각이 낯설기도 하고 어찌해야 할지도 모르겠고 억누를 수도 없어 담임선생님의 조언으로 상담실을 찾아갔다. 자존심에 금이 갔다. 친구들이 아니고서는 상담실에 갈 일이 없는 나였는데 도대체 무엇 때문에 이렇게 갈피를 못 잡고 흔들리고 있는 건지…. 어쨌거나 그때 나는 금이 간 자존심을 뒤로하고 마음부터 다잡자는 생각으로 스스로를 이끌었다. 상담실은 나의 유일한 도피처였고, 학교에서 상담실이 아니었다면 어떻게 그 시기를 버텨냈을까 싶다. 해선 안 될 생각들이 나를 뒤흔들고 휘저었다고 생각하니 흠칫 무섭다.

유난히 마음이 견디기 버거웠던 날, 도망치듯 상담실로 향했다. 상담실에 갈 수 있는 날은 일주일 중 월요일이 유일했는데, 선생님이 안 계셔서 유리 진열장 안에 놓인 그림과 사진들을 보며 다른 생각을 해보려 노력했다. 하지만 그런 마음과는 달리 내 시선은 무의식적으로 긴 테이블 위에 놓인 커터 칼로 향했다. 그러고는 소설에서 보던 것처럼 칼날을 손목 위로 올렸다. 이미 내 마음은 곪을 대로 곪아서 내 몸에 어떤 상처가 생기든 마음보다 아프진 않을 것 같았다. 사실 버틸 만큼 버텼다고 생각했다. 잠깐 아프면 모든 게 편해질 것이라 여겼다. 그 순간, 조금 늦게 출근하신 선생님께서 그 모습을 보고는 칼부터 내려놓자 하시고 오늘 무슨 일이 있었는지 물어봐 주셨다.

그날, 나에게 관심을 갖고 질문을 해준 사람은 선생님이 유일했기에 감사했다. 햇볕이 내리쬐고 꽃이 피는 그 계절에 나는 선생님 앞에서 몸이 부서져라 울었다.

여리고 상처 많은 아픈 손가락

동급생에게 무시당하고 괄시받는 생활이 계속 이어지던 시기에 허우적거리는 마음을 달래준 이들은 중학교 시절을 함께했던 친구들과 다른 반임에도 어울려준 친구들 그리고 선생님들이었다. 중학교 때 친구들은 내가 원래 얼마나 밝은 사람이었는지 상기시키며 늘 응원해주었고, 옆 반 친구들은 내가 외롭지 않게 쉬는 시간마다 옆에 있어주었다. 담임선생님, 학생부장 선생님, 상담 선생님은 주기적으로 상담을 해주셨고 내가 상처를 더 많이 받을 수밖에 없는 원인인 반장 직위를 내려놓을 수 있도록 도와주셨다. 특히 담임선생님은 "이 많은 눈물을 어떻게 참고 있었니?" 하며 휴지를 건네주셨고 그 덕분에 나의 마음에는 안도감 한 칸이 들어섰다.

그때를 떠올려보면, 이 외에도 많은 사람들이 나를 보듬어주었다. 체육대회 날마저 혼자 있다는 사실이 힘들어 눈물이 비집고 나오던 날, 울먹거리던 나의 연락을 받고는 급식실에서 뛰어와 준 J, 선생님들과 수없이 연락을 주고받은 부모님, "반 애들 눈치 보지 마라. 당당하게 다녀."라고 말씀해주신 한국사 선생님, 한때 나에게서 등을 돌렸지만 나와 비슷한 경험을 겪은 뒤에 나에게 찾아와 내 마음을 알아주고 사과해주던 K와 I, 다른 사람들이 피하는 나를 챙겨준 남고 동아리 친구들. 나를 걱정해주고 마음 써준 이들에게 진심으로 감사한다.

지금의 나, 그러니까 청년이 된 나는 그때의 힘듦은 잊은 지 오래다. 7년이라는 시간은 나의 상처를 덮어주었다. 누군가에게 그 일을 이야기해도 죽을 듯이 힘들지는 않다. 요즘 들어 그 일을 떠올릴 때가 많은데 이제는 인정해야 할 것 같다. 나에게 이제는 아프지 않은 흉터가 생긴 것이다. 평소에는 모르고 살다가 한 번쯤 쳐다보면 '이거 그때 다쳤었지.' 하고 몇 번이고 생각하게 되는 그런 흉터. 볼 때마다 어린 시절의 내가 너무 안쓰럽게 느껴져 마음이 아프다. 참 어리석었다, 참 수고 많았다, 참 여린 학생이었다. 청년인 내가 고등학교 1학년인 나를 지켜보자면 그 아이는 나에게 아픈 손가락이다. 그 시절 나를 구해준 선생님들에게 그러했듯이.

내가 내 삶의 주인공임을 그때 알았더라면

청소년이던 때의 나를 만난다면, 주어진 현재에 충실하고 감사하는 마음으로 모든 것을 누렸으면 좋겠다고 말하겠다. 공부하는 시간에는 공부에만 집중하고, 곁에 있어주는 친구들과 함께 있을 때는 좋은 사람들을 감사히 여길 줄 아는 사람이 되라고 하고 싶다.

공부에만 집중하라는 말은 공부로 전교 1등을 하라는 뜻이 아니다. 청년이 되어 이제야 정의 내린 '공부'는 공부에 '참여하는 태도'를 말한다. 어떤 일을 해도 나의 열정을 담아 하루를 뿌듯하게, 소중하게 보내는 것이 진짜 공부가 아니었을까 생각한다. 청소년기에 열정적으로 무언가를 해봤다는 경험이 두고두고 자신의 정체성에 영향을 준다.

청소년기의 나는 공부를 열정적으로 하기보다 교우관계로 인해 힘든 마음을 어떻게 해야 할지 몰라 탈출구 찾기에 급급했다. 그래서 공부에 할애해야 할 시간을 그냥 흘려보낸 것이 아쉽기만 하다. 청년이 되고 나서 '내 마음과 주변 상황이 괜찮았다면, 온전했다면, 안정적이었다면 공부에 조금 더 열정적으로 몰입하지 않았을까?' 하는 생각이 여러 번 들었다.

부모님의 재정적 지원, 부모님의 사랑과 애정, 친구와의 우정, 그들과 보내는 시간. 나는 그 모든 것들에 감사할 줄 몰랐고, 결핍된 것에 시선을 뺏겨 내가 가진 소중한 것들을 돌아볼 생각조차 하지 못했다. 내가 힘들었던 시절 친구 K와 I가 내게서 등을 돌린 이유도 이와 관련이 있다. 그들에게 곁에 있어줘서 고맙다는 표현을 하지 않았고, 그들이 내게 건네는 진심 어린 충고와 조언도 힘들다는 감정에 매몰되어 제대로 수용하지 못했다. 그 당시의 내가 참 애처롭다.

사람은 늘 시간이 지나고 무언가를 잃고 나서야 깨닫는다. 부모님이 언제 다시 자연으로 돌아가실지, 언제까지 뒤에 든든히 서 계실지, 친구와의 관계가 언제 끊어질지는 아무도 모른다. 그러니 사람이든 마음이든 그 어떤 것이든 존재하는 순간 그 자체로 감사하는 마음을 가져야 한다는 생각을, 어쩌면 그 시절의 경험 덕분에 해보게 된다. 그런 의미에서 현재 청소년 시기를 보내고 있는 수많은 '아현'들에게 간절하게 말해주고 싶다. 내가 경험한 것처럼 극심한 감정 소모에 에너지를 전부 쏟아붓지 말라고.

학교 다니는 동안 교우관계가 중요하다는 건 그것에 크게 휘둘려본 사람으로서 인정한다. 친구들과 대부분의 활동을 함께하고 같이 밥을 먹고 이야기를 나누며 공동체 안에서 안정감을 느꼈던 그 감정을 기억한다. 그런데 그중에 나와 맞지 않는 친구 한 명쯤은 다들 있지 않을까? 같은 반이지만 나와는 성격이 정반대인 친구를 본 적이 있을 것이다. 그들과 억지로 잘 지내려고 혹은 그들에게 잘 보이기 위해서 내 삶의 주인공 자리를 그들에게 내주며 에너지를 낭비하지 않았으면 좋겠다.

'저 친구는 저런 성격이구나.' 하고 인정하는 마음을 그 당시에 가졌더라면 나의 학창시절이 조금은 다르지 않았을까 생각해본다. 나를 좋게 보지 않는 친구들에게 최대한 잘 보이려 말도 붙여보고 더 재밌게 보이거나 착한 모습을 보이려 애썼다. 지금 생각해보면 콤플렉스에서 비롯된 것이었다. 모든 사람에게 좋은 사람, 착한 사람으로 보이고 싶었던 내 욕심이자 허상이었던 것이다. 그럴수록 내 노력은 그들에게 하찮은 이야깃거리에 지나지 않았고 결국 돌아오는 것은 무시와 비웃음이었다. 나를 좋지 않은 시선으로 보는 사람들에게 좋게 보이려 힘을 들이고 노력해봤자 피곤함과 감정 소모만 커져갈 뿐이었다. 그들에게 시간과 마음을 쏟을 바엔 지금 나를 아껴주는 사람들에게 고맙다는 말 한마디라도 더 하고, 그들과 함께 밥 한끼라도 더 먹는 게 더욱 가치 있고 소중한 일이라는 걸 지금에야 알게 되었다.

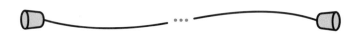

안전한 모험은 없나요?

내 삶의 가장 놀라운 경험, 자원봉사

나는 지금 군무원 시험을 준비하고 있다. 군무원은 9급 공무원에 해당하는데, 현역 군인이 아닌 일반인 자격으로 군 사무업무를 보는 사람이다. 주변 어른들과 친구들에게 군무원 시험을 준비하고 있다고 하면, 안정만을 추구해서 공무원이 되려는 것 아니냐는 말과 시선을 보낸다.

현시대 많은 청년들이 공무원을 꿈꾸고 있는데, 공무원을 꿈꾸는 이유가 오직 안정만을 위해서일 거라는 시각은 달라져야 한다. 유명한 모험가가 TV 강연에서 공무원이 꿈이라는 청년을 한 대 때려줬다고 한 말은 나처럼 공무원 준비를 하는 사람에게 참 아프고 서운한 말이다. 자신의 일을 선택하는 과정에는 획일화된 한 가지 이유만 있는 게 아니라 저마다의 동기와 의미가 있다는 걸 알아주면 좋겠다. '많은 청년이 공무원을 꿈꾸다니, 청년들이 참 열의와 모험심이 없구나.'라고 생각하지 말고 그럴 수밖에 없는 사회 시스템을 눈여겨보거나 청년들이 추구하는 실제 동기에 귀 기울여주면 어떨까?

나는 이 나라를 사랑하고 소중히 여기는 사람이 되고 싶다. 대한민국, 너무나도 자랑스럽고 사랑하는 내 나라를 지키고 싶다. 이런 나의 고백이 생소하거나 특이해 보일지도 모르겠다. 하지만 조국에 대한 이 같은 진심이 군무원 시험을 준비하는 데 가장 큰 동기가 되었다.

이러한 마음은 2018년에 열린 평창동계올림픽과 동계패럴림픽에서 자원봉사자로 일했을 때 시작되어 가장 빛났고 지금도 그 벅참은 여전하다. 고등학교 3학년이 되던 해, '수능 준비나' 하라던 엄마의 말을 뒤로하고 올림픽 자원봉사자에 무작정 지원했다. 지구촌 축제의 일원이 된다는 사실에 설레었다. 처음에는 막연하기도 했고 충동적인 마음으로 지원했는데, 어느 순간부터 자원봉사자로 선발되는 게 간절해지기 시작했다. 내 삶에서 가장 크고 새로운 시도였기에 꿈꾸는 동안 벅찼다. 그 마음을 품은 상태로 일 년이 넘는 시간 동안 면접과 교육을 모두 거쳐 올림픽 자원봉사자로 선발되었다. 평창으로 가는 기차를 타기 전, 자원봉사자들 교육을 담당한 강사님이 한 말이 떠올랐다.

"여러분은 우리나라의 외교관이에요. 여러분이 우리나라의 얼굴이자 대표입니다."

새로운 경험을 할 생각에 설레는 마음으로 들떠 있는 가운데 이 말은 나의 기대와 자부심을 끝도 없이 높였고 이 말을 절대 잊지 않겠다고 다짐하며 평창에 도착했다.

부모님의 끈질긴 만류와 추운 날씨(귀가 찢어질 것만 같던 추위)에 굴하지 않고, 올림픽 유니폼을 챙겨 입고 '지구촌 이웃'들을 반기는 일은 하루하루가 꿈같이 행복했다. 우리나라에서 열리는 올림픽인 만큼 자부심을 가지고 임하고 싶었다. 올림픽 개최를 위해 이곳으로 모인 수많은 사람의 노고에 보답하고자, 나의 신념을 빛내고자, 나의 나라를 세계에 알리고자 최선을 다했다.(나의 내적 외침이 들리는가!) 올림픽과 패럴림픽이 끝난 후 언론에는 극찬이 쏟아졌다.

"세계인이 극찬한 최고의 올림픽, 그 중심의 자원봉사자"

기사 제목을 보고 벅차서 눈물이 났다. 나와 같은 마음을 가진 사람들이 함께 일궈낸 결과였기에. 내 나라의 위상을 드높인 그 노력과 열정은 지금도 잊을 수 없다. 올림픽 현장에 관중으로라도 참여해본 사람이라면 알 것이다. 우리나라 선수들이 얼마나 자랑스러운지, 그리고 우리나라를 얼마나 사랑하게 되는지. 내가 이 얘기를 할 때마다 친구들은 웃지만, 정말이지 그때는 애국가만 울려 퍼져도 태극기만 봐도 벅찬 감동이 일었다. 내 전공이 영어였고 외국 선수와 방문객들에게 영어로 소통을 하는데 그들 중 누군가가 "안녕하세요"라고 말만 건네도 감격스러웠다.

올림픽 자원봉사는 지금까지 내 삶에서 가장 놀라운 경험이었고 나 자신과 나의 나라를 대하는 태도에 큰 변화를 준 사건이었다. 그 뒤로 나는 이렇게 말하곤 한다.

"나는 대한민국 이 나라를 사랑한다."

선조들이 목숨 걸고 지켜온 곳이기에, 후손인 나는 그 마음과 노력에 감사하며 후대와 나라의 번영을 위해 온 힘을 다하는 사람이 되고 싶다고 생각했다. 그리고 내가 일조할 수 있는 일이 무엇이 있을까 고심하던 끝에 '군무원'이라는 결론에 이르렀다.

나의 마음을 알고 표현할 줄 아는 사람

대학을 졸업하면서, 다른 사람의 말에 휘둘려 휴학을 포기한 것이 많이 아쉬웠다. 어른들은 얼른 취업하고 돈 모으는 게 최고로 좋다고 하셨다. 물론 세상을 살아가는 데 있어 돈과 직장이 필요한 건 맞다. 그러나 매년 쉼 없이 달려온 나에게는 잠깐의 쉴 틈과 여행, 그리고 길을 잃은 나를 위한 시간이 필요했다. 사색의 시간을 가지며 나를 돌아보고 싶었고 미래에 대한 계획도 세우고 세상을 보는 눈도 키우고 싶었다.

하지만 그러지 못했다. 가장 큰 이유는 내 의지를 실현할 용기가 부족했고 주변 사람들의 말도 어느 정도 일리가 있는 말이라 생각했기 때문이다. 무언가를 하고자 할 때에는 나를 믿고 던져보는 것도 필요한데 어쩌면 나는 '이렇게 하지 않으면 안 돼.' '이렇게 하다가는 네가 원하는 삶은 절대 꿈도 못 꿔.'라는 세상 사람들의 말에 설득당한 것인지도 모르겠다.

그럼에도 잘해왔다고 생각되는 것 또한 꽤 있다. 잃은 것만큼 얻은 것도 있달까?

중학교 때 학원을 빠지고 축제를 기획했던 일. 내 생애 한 번 있을 중학교 축제를 내 손으로 꾸려보고 싶어 축제 준비에 매진했던 그 지난날이 참 뿌듯하게 느껴졌다. 내가 언제 또 이런 경험을 해볼 수 있겠냐는 마음으로 매 시간을 충실하게 썼었다. 지금의 내가 그때의 나를 마주보고 이야기해줄 수 있다면 "지금의 너는 정말 멋있어. 네가 옳다고 생각하는 가치대로 실천하는 용기에 박수를 보내고 싶어!"라고 하고 싶다. 어렸던 그 아이가 공부와 경험 중에 더욱 소중하고 가치 있는 것을 고르고, 그것을 실천할 수 있는 용기까지 지니기 쉽지 않음을 알기 때문이다.

나의 감정을 제대로 표현하는 방법을 배워가는 과정이 자랑스럽다. 나는 유독 어려서부터 속으로 끙끙 앓는 일이 많았다. 연년생인 오빠가 한 명 있는데 어려서부터 줄기차게 싸웠다. 그럴 때마다 할머니는 "네가 동생이니까 참아라."라고 하셨고 너무 어렸던 나는 속상하거나 화나는 감정을 현명하게 풀기보다 속으로 삭이는 것을 먼저 배우게 됐다.

감정을 제대로 풀어내지 못했던 아이는 어떻게 됐을까? 잘못된 감정 해소 방법으로 자칫 '엇나간' 아이로 자랄 수도 있었지만 나는 '착한 아이'가 되어야 사랑받을 수 있다는 생각에 모든 감정을 눌러내는 아이로 자랐다. 사람이 없는 곳에서만 마음 놓고 울 수 있었고, 누군가 부탁을 했을 때 거절하지 못했으며, 부모님께 관심과 인정을 받기 위해 노력하는 아이로 자란 것이다. 당연하게도 사람들은 모두 입을 모아 "아현이는 정말 착하구나."라고 했고 나는 모두에게 착한 아이로 기억되고 싶어 했다.

그러나 지금의 나는 착한 아이가 되고 싶지 않다. 착하니까

양보하며 감내해야 하고 손해를 보면서 무례한 부탁까지 들어주는 데 지칠 대로 지쳤기 때문이다. 스스로를 돌볼 줄 알아야 남에게 진정으로 베풀 수 있는 마음이 생긴다. 그걸 깨닫고 나니 전보다 마음이 가벼웠고 짊어지고 있던 마음의 짐들이 사라졌다. 감정이 상했다면 어느 부분에서 그랬는지, 왜 사과받고 싶은지 말할 수 있는 사람이 되어가고 있는 중이다.

그렇지만 주변 사람들은 곱지 않은 시선을 보낸다. "너 예전에는 안 그랬는데 왜 욱 해?", "전에는 그런 모습 없었는데 왜 그래?"라는 말을 덧붙이면서 말이다. 그런 말을 들으면 예전의 나는 미움 받는 것이 싫어서 미안해할 일이 아닌데도 사과부터 했을 것이다. 그러나 지금은 마음을 표현할 용기가 자라고 있고 나의 올바른 감정표현을 응원하고 지지해주는 사람들이 있어 힘을 낼 수 있다.

착한 아이가 된다는 것은 다른 사람의 얘기에 휘둘린다는 의미가 아닐 텐데 나는 무언가를 결정하는 데에도 다른 사람의 얘기에 더 귀 기울였다. 내 안의 소리에 귀 기울이는 법을 몰랐고, 그런 훈련이 되어있지 않아서 내가 원하는 방향으로 결정을 내리지 못했다. 이제 조금은 알 것 같다. 다른 사람이 내 삶을 살아주는 게 아니고, 나에 대한 표현과 결정을 가장 잘할 수 있는 사람은 나라는 걸 말이다.

꿈이 없어도 괜찮아

꿈이 선명했던 중고등시절을 지나 꿈의 방향대로 진학이 이루어지지 않으면서 나의 꿈은 공기처럼 사라졌다. 꿈이 있었던 경험과 꿈이 없는 채로 살았던 경험을 모두 해보며 내린 결론은, '꿈은 있어도 좋고 없어도 좋다'는 생각이 필요하다는 것이다. 청소년기에 꿈을 갖지 않아도, 꿈이 셀 수 없이 많아도 상관없다. 생겼다가도 사라지고 없다가도 생기는 것이 꿈이다. 꿈이 있고 없고를 떠나서 애매한 시기를 지나는 동안에 자신을 향한 신뢰가 더 중요하다는 사실을 발견했다.

청년기에 접어든 지금, 청소년 시기가 참으로 안쓰럽게 느껴진다. 꿈을 가져야 한다는 사회의 통념에 쫓겨 급하게 꿈을 골라잡고, 그러다 그 꿈이 내가 진정 원한 것이 맞았는지 한참을 고민하는 갈림길에 놓이게 되고, 그 꿈을 놓을지 아니면 무엇을 잡을지 방황하면서 자신에 대한 신뢰를 쉽게 잃어버리기 때문이다.

청소년 시절, 학교에서는 학기 초마다 대학 진학 관련 유인물을 나눠줬고 친구들은 그 종이를 받고는 질문들에 대한 답을 채워 넣기까지 한참이 걸렸다. 자신이 무엇이 되고 싶은지 모르는데 얼른 적어내야 하는 상황 속에서 그럴싸한 직업군을 찾아내는 건 쉬운 일이 아니었다.

진로 시간이 정기적으로 있지만 그 시간 역시 직업카드를 보면서 나의 성향과 맞춰보는 시간일 뿐이다. 거기에 나열된 목록 중에서 나를 '두근거리게' 하는 꿈은 없었다. 게다가 그것을 이루기 위해서 뭘 해야 하는지도 모르고 지금 당장 경험해볼 수도 없는데 나랑 맞는지 아닌지 어떻게 알 수 있을까. 분명 사회에 나가면 직업카드 속의 직업들 말고 더 많은 분야가 있을 텐데 카드 중에서 정해야 한다는 것에 더욱 갑갑해지기만 했다.

지금 스스로에게도 확실하게 말할 수 있는 것은 꿈이 없다고 해서 좌절할 필요가 전혀 없다는 것이다. 청소년기에는 그저 막연한 상태에서 꿈을 꾸게 되지만 정작 자신에게 맞는 꿈이라는 건, 내가 무엇을 하고 싶은지는 청소년기를 지나 청년 때 여러 경험을 해보고 부딪혀봐야 알게 되는 경우가 많다.

학교 밖에서 많은 사람들을 만나고 청소년기에 해보지 않았던 활동들을 하며

'나는 이런 일을 좋아하는구나.'

'나는 이런 활동을 할 때 만족감을 느끼는구나.'

하고 느낄 때 비로소 꿈이 무엇인지 더듬더듬 찾아 나갈 수 있다. 나처럼 청년이 되어서 꿈을 잃고 헤매는 사람도 있을 것이

다. 꿈을 도저히 못 찾겠다 싶어도 내가 현재 할 수 있는 일부터 천천히 해나가다 보면 그와 관련된 부분에서, 또는 예상치 못한 부분에서 마음이 끌리는 무언가를 발견할 수 있을 것이다.

안전한 모험가, 설레는 길을 찾다

신념이 진로가 되기까지

어릴 적부터 방송에 관심이 많아 6년 동안 방송부 활동을 했다. 초등학교 때 선생님의 권유로 방송부에 들어갔는데 나는 주로 음향 부분을 맡았지만 언제 빈자리가 생길지 몰라 부원들이 돌아가며 카메라, 음향, 아나운서 등 여러 일을 배웠다. 꽤나 적성에 맞았다. 학교 내 모든 행사에 방송부장으로서 참여하는 일은 너무나 즐거운 일이었다. 행사가 완벽하게 치러지는 모든 과정에 내가 존재하는 것 같아 기분이 좋았다. 그렇게 나의 첫 번째 꿈은 '음향감독'으로 낙점되었다.

중학교에 진학한 첫날, 방송실이 어디에 있는지부터 알아내고 싶어 학교 이곳저곳을 누볐다. 방송부 모집을 손꼽아 기다리고 공고가 뜨자마자 지원신청서를 받아 최선을 다해 작성하고 면접을 봤다. 초등학교 때의 경험 덕분에 수월히 합격했고 부원들이 비었을 때를 대비해 모든 방송 기기에 대해 배웠다. 그렇게 시간이 지나고 방송부장이 되었다. 그리고 부장의 자격으로 학교 내 학생회에 자동으로 참가하게 되면서 전교 회장단, 그리고 다른 부장들과 학생들을 이끄는 경험을 했다.

그들과 함께하는 시간은 정말 행복했는데 그 과정에서 더욱 기뻤던 것은 그 시간과 추억들을 모아 영상으로 남기는 일이었다. 중학생이, 그것도 아무런 기초도 배우지 않은 내가 만드는 영상은 고작 사진을 이어붙이고 내용을 담아내는 수준이었다. 영상 제작에 대한 흥미가 생길 때쯤 학교에서 보여주는 EBS의 〈지식채널e〉를 보고 확신에 찼다. 나는 짧은 러닝 타임에 많은 의미를 전달하는, 여운과 깨달음을 주는 영상 제작자가 되고 싶어진 것이다. 그렇게 내 두 번째 꿈은 '영상 제작자'가 되는 것으로 정해졌다.

고등학교에 진학한 후, 청소년문화센터에 있는 영상단에 지원했다. 그곳은 청소년을 대상으로 매년 영상제를 개최했는데 중학생 때 영상을 출품한 적이 있어 꼭 그곳에 들어가야겠다고 다짐했었다. 문화센터의 도움을 받아 영상제를 준비하고 직접 사회를 보며 주최할 수 있어 나의 적극성을 표현할 수 있는 곳이라고 확신했다. 그간 품어왔던 열정 덕분이었는지 합격을 했고, 영상단에서는 학교에서 사용했던 기기들과 차원이 다른 장비들과 프로그램을 접할 수 있었다. 청소년으로서 '내가 원하는 공부'를 할 수 있어 진심으로 행운이라고 생각했다. 함께 무언가를 만들고 배우는 그 공부는 내가 바라던 공부였다. 그렇게 내 꿈은 '영상 제작자'에서 'PD'로 바뀌었다.

그래서 대학을 영상계열 학과로 진학하려 했지만 결과는 아쉽게도 모두 탈락이었다(당시엔 많이 슬펐다). 결국 영상 제작 다음으로 좋아했던 영어영문학과에 가게 되었다. 영어를 좋아했기에 대학공부는 그리 어렵지 않았고 성적도 꽤 좋게 유지했다.

그러던 어느 날, 한 교양수업 시간에 각자의 진로에 대해 생각해보라는 교수님 말씀에 '영상 제작자'라는 꿈에 대해 다시 한 번 진지하게 생각해보게 되었다. 남들보다 특출나게 잘하는 것도 아니라는 생각이 들었고, 무엇보다 전보다 흥미도 줄어들고 영상 소재거리에 대한 관심도 사라졌다는 걸 알게 되었다. 그렇게 나는 대학생이 되고 나서 청소년기 꿈들과 이별했고 꿈이 없는 상태가 됐다.

어느새 어디에 취직해야 하나, 하며 채용 공고를 살펴보는 아주 평범한 대학교 3학년이 되었다. 시험기간에 늘 그렇듯 기숙사에서 공부하고 쉬기를 반복하던 어느 여름날, 군대에 있는 친구(이하 C)에게서 연락이 왔다. 영상단에서 함께 활동했던 친구였기에 서로의 안부를 물었다.

"너는 뭐 하고 싶은지 정했어?"

"사실 잘 모르겠어. 예전만큼 영상 제작에 흥미가 있지도 않고 뭘 해야 할지 모르겠다. 그런데 올림픽에서 자원봉사를 해보니까 나라에 도움 되는 일에 관심이 가네."

C의 물음에 두루뭉술하게 답하며 툭 마음을 꺼냈다. 그 말을 들은 C는 곰곰이 생각해보더니 군무원은 어떠냐고 했다. 군무원? 들어본 적도 없는데? 친구와 통화를 마치고 바로 '군무원'을 검색해봤다. 그렇게 알게 된 군무원은 내가 생각한 방향과 100% 일치하지는 않아도 나의 신념과 어느 정도 부합한다고 생각되었다. 나라를 사랑하는 나의 마음이 직업에서 발현될 수 있다면 만족도가 높을 것이었다. 그렇게 나는 음향감독, 영상 제작자, PD라는 꿈들 근처를 돌다 군무원이라는 전혀 다른 영역에 발을 들이게 된 것이다.

시험지 앞에서 설레다니!

드디어 군무원 시험을 치렀다. 시험을 보면서 긴장도 됐지만 떨어질까 걱정되기보다 첫발을 내딛는다는 마음에 오히려 설레고 떨렸다. 시험 전까지 내가 문제를 읽고 이해할 수 있을 정도로 공부가 된 건지 나에 대한 의심을 지울 수 없었다. 취업 시험을 처음 준비해본 터라 공부 방법과 계획 면에서 모자라도 한참 모자람을 절실하게 느꼈다.

실은 그때 짠 공부 계획표는 말하기도 부끄러울 정도였다. 기본 개념을 1회 완독하고 기출도 1회 완독하면 될 거라 생각했다. 말 그대로 초시생의 근본 없는 자신감이었다. 40분이면 끝날 강의를 꼼꼼하게 이해하려고 강의마다 이해용 그림까지 그려가며 2시간 동안 붙잡고 있던 때도 있었다. 그렇게 시간이 늘어지다 보니 하루에 개념강의를 두 번 듣고 "나 공부했어!"라고 외쳤었다. 1월부터 2월까지 이런 방법으로 공부를 했다. 시험이 7월이니 넉넉할 거라 생각했던 거다.

내 계획을 들은 아는 언니가 공무원 시험은 그렇게 준비하면 안 된다고 했다(군무원도 특정직 공무원에 속한다). 기출문제가 정말 중요하고 모의고사로 틈틈이 실력 체크도 해야 한다고 했다. 이런, 군무원이 되려고 하는 건데 그때까지 학교시험 기준으로 공부를 한 거였다. 시험을 4개월 앞두고 공부 방법을 바꾸기로 했다. 개념은 최대한 빨리 듣고 기출이라도 여러 번 돌리자고 결심했고 처음 보는 시험에서 모르는 지문이 없게끔 하려 했다.

그렇게 첫 시험을 쳤다. 시험장을 나서는 마음이 너무나 후련했다. 마음을 무겁게 누르고 있던 이 시험도 끝나는 날이 오긴 오는구나, 하는 개운함 같은 거였다. 아예 망쳤다는 느낌도 들지 않았고 지문을 이해할 수 있다는 것 자체만으로도 신이 나 발걸음이 가벼웠다. 집으로 가는 길, 지인들의 연락이 몰아쳤고 시험 직전의 내 마음이 어땠는지 묻는 이들이 많았다. '내가 어땠더라?' 곰곰이 생각을 해보니 나는 '떨었다'. 긴장하면서 두려움에 떤 것이 아니다. 조금 더 특별했다. 눈앞에 내가 동경하는 직업을 가진 사람이 서 있었고, 이 길을 택하려 열심히 노력해온 사람들이 주변에 앉아 있었고, 거기에 내가 있었다. 꽤나 짜릿했고 설레었다. 공직자가 되기 위한 험난한 길을 한 걸음 내디딘 그 가치는 또 얼마나 큰가! 시험 성적도 중요하겠지만 내가 결정한 길을 걷는 과정에서 맨몸으로 부딪혀 얻은 깨달음과 경험도 소중했다. 백지수표를 줘도 못 사는 게 경험이니 말이다. 나는 지인들에게 답장을 보냈다.

"어땠냐고? 나는 이 직업이 아니면 안 될 것 같아!"

하나의 이유만으로 정해지는 건 없다

공무원을 꿈꾸는 수많은 청년을 그리 달가운 눈으로 바라보지 않는다는 것을 안다. 공무원 시험이 안정을 추구하는 이들이 택할 수 있는 선택지인 것도 사실이다. 공무원은 국가가 고용과 정년, 노후를 보장하고 육아 휴직과 워라밸까지 책임지는 직업이다. 그런 이점을 골고루 갖춘 직업군을 발견해내는 것은 쉽지 않다. 육아 휴직을 했다가 직장으로 복귀하지 못해 경력이 단절된 사람들의 사연은 여전히 인터넷을 떠돌고, 일과 삶의 균형을 이루며 살아가는 사람의 모습은 청년들의 로망이 되었다. 그래서 공무원이 청소년, 청년들의 1순위 선택지가 된 것이 아닐까? 나 역시 공직자의 역할과 책임에 뜻을 두고 선택했지만, 대우나 보수 역시 전혀 생각하지 않은 건 아니다.

내 경우는 마음이 끌려서 선택했고, 그럼에도 시도하는 것 자체가 이렇게 힘든데 다른 돌파구가 전혀 떠오르지 않거나 어쩔 수 없이 공무원 시험을 선택한 경우는 얼마나 힘들지…. 시험을 준비하는 사람들에게 위로부터 건네고 싶어진다. 그렇지만 결국 선택할 수밖에 없고 이미 정해진 선택지라면 공무원이 되고 나서는 맡은 바 책임을 다할 거라 생각한다. 지역사회 소통에 관심을 갖고, 시민의 생활을 보호하는 공무원다운 공무원이 되기를 우리 약속하자.

반대로 공무원 또한 세상에 존재하는 무수한 직업들 중 하나일 뿐이다. 누군가 공무원으로 지내다가 다른 무언가 해보고 싶은 것이 생긴다면 추진력을 얹어주고 싶다. 한번 사는 인생에서 그래도 하나쯤 내가 해보고 싶었던 것에 도전해봐야 후회하지 않을 테니까. 만약 시험에 계속해서 떨어진다면 그때는 과감한 결정이 필요하다. 한 번 더 달려들어 공부할지, 새로운 길을 모색해서 천천히 시작할지는 오로지 본인의 몫이다. 나도 언제 그 갈림길에 설지 모르는 일이기에 나를 포함한 모두의 선택을 응원하고 지지하고 싶다.

스물셋 재혁

농업이라는 매력적인 운명 앞에서

부모님처럼 땅에 대한 사랑과 농업에 대한 자부심,

환경과 인류애, 그런 것에 대해 나는 아직 잘 모른다.

아직도 배우며 채워가는 중이다. 분명한 것은

내가 살아가면서 소중한 사람들과 함께 농업, 농촌의 의미를 찾아가는

일을 할 것이라는 점이다. 그게 미실란이면 가장 좋고, 그 어디라도

내가 쓰일 수 있는 곳에서 내 방식으로 사랑하며 살아가고 싶다.

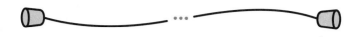

내가 스스로 선택하는 길

새로운 환경에 적응하기

많은 청소년이 그렇듯 나와 내 동생도 부모님의 상황과 결정에 따라 삶의 환경이 달라졌다. 어릴 때는 대학원 공부를 하는 아버지를 따라 가족이 함께 일본으로 이주해서 살았다. 여기까지 말하면 사람들은 어린 시절에 자연스럽게 일본어를 배워서 좋았겠다고 부러워하는데 실제 결론은 다르다. 일본에서 귀국해 어린이집을 다니던 시절, 한국어를 못 하는 것은 아니었지만 놀라거나 감탄을 할 때 나도 모르게 무의식적으로 일본어가 튀어나오곤 했다. 부모님 말씀으로는 그만큼 일본어가 자연스럽고 유창했다고 한다. 하지만 일본어의 정체를 모르는 아이들에게는 그 말들이 생소하고 낯설었을 것이다. 친구들은 한 동안 나를 이상한 외계인 보듯 경계하는 눈빛으로 보았다.(그 느낌은 아직도 생생하게 기억이 난다.) 튀지 않고 아이들과 자연스 럽게 지내려고 애쓴 탓인지 언제부터인가 나도 모르게 일본어 를 밀어냈고, 머릿속에서 완전히 지웠다. 애석하게도 지금은 일본어를 전혀 하지 못한다.

초등학교 1학년 때는 입학한 지 얼마 지나지 않아 창업하 신 부모님을 따라 전남 곡성으로 이주했다. 도시 생활만 했던 나는 낯선 시골 마을에서 새로운 친구들을 만나며 바뀐 환경에 적응해야 했다. 내가 할 수 있는 최선은 열심히 친구들과 어울 려 노는 것이었다. 순박한 마을 친구들을 여럿 사귀면서 별다 른 고민 없이 해맑게 뛰놀며 유년시절을 즐겼다.

그러던 어느 날인가 학교를 마치고 집에 돌아왔는데 TV 프 로그램 PD 삼촌(부모님이 이렇게 소개했다)들이 나를 기다리고 있었다. 폐교를 개조해서 농업회사법인 기업을 운영하는 우 리 가족의 이야기, 그리고 나와 내 동생의 이야기를 화면에 담 고 싶다는 것이었다. 처음엔 왠지 모르게 거부감이 들었지만, PD 삼촌들의 끈질긴 설득에 넘어가 촬영을 수락했다. 생소했 던 카메라도 며칠이 지나니 익숙해져서 촬영은 무리 없이 끝났 다. 하지만 고난은 그다음부터였다. 방송이 나오고 난 후 학교

체육관에 전교생이 모여 예고도 없이 우리 가족 이야기가 담긴 그 영상을 함께 시청하게 된 것이다. 작은 농촌 사회이다 보니 서로의 사정을 어느 정도 알고는 지냈지만, 갑자기 전교생의 주목을 받게 되니 당황스러울 따름이었다. 방송에 나온 몇 장면을 두고 친구들이 장난처럼 따라 하며 놀리는 것도 싫고, 선생님마다 한마디씩 해주시는 것도 부담스러웠다. 눈에 띄고 싶지 않았고, 남의 시선이 의식되기 시작했다.

울타리를 벗어난 새로운 도전

다른 사람들을 의식하다 보니 새로운 것을 하는 것도 자꾸만 주저하게 되었다. 잘나지도 못나지도 않은 중간, 평균 그즈음이 편하다고 생각했다. 그러다 우연히 친척 누나의 소개로 중학교 2학년 때 '다움소사이어티'라는 커뮤니티 활동에 발을 들이게 되면서 나의 청소년기는 새로운 국면을 맞이했다. 난생처음으로 학교 친구들이 아닌 또래 집단을 만나며 사회의 여러 가지 주제에 대해 토론하고, 멘토를 찾아 전국 여행을 다녔다. 곡성 작은 마을에 있는 친구들이 전부였던 시절, 항상 비슷한 이야기와 비슷한 생각을 맴돌았던 내가 다른 지역 친구들을 만나서 평소와 다른 주제로 이야기를 나누는 것만으로도 건강한 자극이 되었고, 시각을 넓히는 힘을 키울 수 있었다. 평소의 내 패턴과는 다른 활동을 해봤다는 것, 작은 도전을 통해 성취감을 얻었다는 것, 다움소사이어티 활동에 참여한 일은 다시 돌아봐도 청소년기에 가장 잘한 일이라 생각한다.

'길 위의 멘토들'이라는 주제로 진행했던 내일로 여행(일주일간 기차를 타고 다니는 여행)도 기억에 많이 남는다. 열정감자, 홍석천 대표, 제니퍼소프트 대표님 등 만나고 싶은 멘토들을 학생들이 직접 섭외하고 만나 꿈에 관한 이야기를 나누는 시간을 가졌다. 우리는 기차 안에서, 길거리에서, 시장에서 만난 어른들에게 청소년의 눈높이에서 꿈에 대한 질문을 드렸다. 어떻게 꿈을 결정하게 되었는지, 꿈을 지금 결정하는 게 좋은 것인지 등의 질문들이었고, 정말로 다양한 답변을 들었던 기억이 난다. 수백 권의 책을 읽는 것처럼, 그분들의 삶을 간접적으로 배우고 귀 기울이며 마음이 두근거렸다.

토론 과정을 통해 질문을 뽑아내는 연습을 하면서 자연스럽게 나를 향한 질문도 더 구체화할 수 있었다. 평소 여행을 좋아했기에 여행을 하며 뭔가 세상에 도움이 되는 좋은 일을 하고 싶다는 어렴풋한 생각을 다시 들여다보기 시작한 것이다. "자신이 즐기기 좋아하는 취미를 일로 삼지 않는 것이 더 낫다."는 부모님의 조언을 곰곰이 되새기며 막연한 호감만으로 두루뭉술하게 진로를 그려보는 것이 아니라, 내 평생 일로서 잘할 수 있는 것이 무엇일지를 더 생각하게 되었다. 자연스럽게 그 답은 어려서부터 내가 가장 가까이에서 접하며 경험했던 농업에 대한 고민으로 이어졌다. 시골 생활로 매일 보던 풍경이 주는 편안함과 농업회사법인을 운영하며 생태, 환경, 농업의 가치를 지키고자 애쓰셨던 부모님에 대한 존경심, 그리고 그 일의 필요성에 대한 공감이 내게 가장 중요하게 다가왔다. 농촌에서 농업에 관련된 일을 해야겠다는 결심이 섰다.

꼴찌의 반란

부모님은 내게 항상 '대학에 가지 않아도 좋다. 어떤 삶을 살아도 좋다.'고 말씀해주셨다. 철부지 시절의 나는 이 문장에서 주체적으로 삶을 살아가라는 핵심은 뒤로하고, 대학에 가지 않아도 좋다는 이야기만 기억하며 공부에 큰 의미를 두지 않고 살았다. 부모님도 성적에 대해 강요하지 않으셨기에 중학교 입학시험인 반 배치고사에서는 마구잡이로 찍어 전교 꼴등으로 입학할 정도였다.(물론 찍어서 꼴찌 하기도 쉽지 않을 것이다.) 수업 시간에 소홀하진 않았지만, 대학을 꼭 가야겠다는 생각이 없으니 수능 준비는 나와 상관없는 딴 세상이라 여겼다. 도시처럼 사교육이 성행하는 곳도 아니었고, 내 주변에서는 성적에 그다지 유난스러운 사람이 없었다. 공부를 썩 잘하진 못하지만 착하고 건강한 재혁이, 그 정도로 인정받는 것에 별다른 불편함이 없었다.

그러던 내가 농업 관련 일을 해야겠다고 진로를 설정하고 나니 준비해야 할 것이 한둘이 아니었다. 기숙사에 입소해 뒤늦게 공부에 열을 올리기 시작했고, 농업대학으로 진학해 나를 채우고 성장하는 시간을 가져야겠다는 목표를 두고 부지런히 수능을 준비했다. 고등학교에서 영어 발음기호를 익힐 정도로 다소(아니 많이) 늦은 공부라 힘들기도 했지만, 목표가 있으니 충분히 감당할 수 있었다. 뜻이 있는 곳에 길이 있는 법, 고3 시절엔 매일 새벽 6시에 일어나 꾸준히 아침 공부를 했고, 공부 잘하는 친구들 옆에서 팁을 많이 얻었다. 다행히 수능에서 원하는 점수를 얻어 식물생명공학부 응용식물학 전공으로 입학해 대학 생활을 시작하게 되었다.

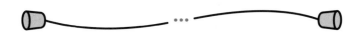

물음표가
자양분이 되던 순간들

현장으로 답을 찾아 떠나다

나는 어른도 어른이지만 20대가 되는 것에 로망을 갖고 있었다. 10대의 목표를 잘 통과하고, 20대가 되면 반짝이는 축제와 같은 날들이 펼쳐지리라 생각했다. 그리고 어른이 된 나를 모두가 인정해주고 손뼉 쳐줄 것 같았다.(지금 생각하면 웃음이 난다.) 하지만 현실은 나이만 스무 살 어른이지 달라진 것이 없었다. 20대에 대한 로망이 무너진 나는 암울하기만 했다. 대학 신입생 때는 실컷 술도 마시고 친구들과 어울리며 허탈함을 채웠지만, 2학기가 되고 나니 그마저도 흥미가 떨어졌다. '이렇게 살다가는 난 정말 아무것도 안 되겠구나.'라는 위기감이 들었다.

내가 대학에서 농업을 공부하는 것은 궁극적으로 무엇을 하기 위한 것인지, 이 공부를 바탕으로 농촌에서 나는 어떤 일을 해야 할지, 왜 하고 싶은지에 대한 생각이 꼬리에 꼬리를 물고 끈질기게 나를 괴롭혔다. 게다가 농업대학의 분위기가 성적에 맞춰서 입학한 경우나, 집에서 농사를 오래 짓다 보니 자녀도 자연스럽게 진학한 케이스가 많아 내가 가진 물음표들을 같이 대화하고 탐구할 수 있는 친구가 내 주변에는 없었다. 나는 자발적으로 인싸에서 아싸로 움직였다. 그리고 조용히 물음표들을 곱씹으며, 당시 취미로 배웠던 유도에만 에너지를 쏟아부었다. 무엇이라도 하지 않으면 답답함에 짓눌려버릴 것 같아 운동을 시작한 것이다. 유도는 상대의 움직임을 읽으며 그 힘을 이용해야 하는데, 운동을 하는 동안 오직 그것에만 집중하며 흠뻑 땀을 흘리면 잡념이 없어져서 너무도 좋았다.(지금도 생각이 많아지면 심장이 터지도록 달리면서 잡념을 다스린다.)

10대 사춘기를 지나, 스무 살 '내적 오춘기(사춘기 다음에 겪는 또 한 번의 정신적 성장통으로 이 단어를 사용했다)'로 허우적거리던 그 시간, 나에게 등대 같은 단어가 운명처럼 다시 다가왔다. 바로 '국제개발'이었다. 세계를 여행 다니면서 좋은 일을 하고 싶다는 어릴 때의 막연한 꿈을 잊지 않았기에 국제개발은 나를 진심으로 두근거리게 하는 단어였다. 농업이라는 진로를 설정하고 난 후로는 한동안 들여다보지 않고 있었는데 '월드프렌즈 NGO 봉사단원 파견'이라는 제도를 알게 되면서 국제개발과 농업의 연결고리를 다시 만들 수 있게 된 것이다.

개발도상국에서 지속가능한 자립 모델을 만들기 위해 원조 개발자금(ODA)을 활용한 농업 분야의 다양한 프로젝트가 진행되고 있었고, 2학기가 끝날 즈음 때마침 다음해 파견 봉사단원을 모집한다는 정보를 접하게 되었다. 변화가 필요했던 시기였기에 더더욱 망설임 없이 지원할 수 있었다. 다양한 생각, 다양한 삶, 다양한 경험을 하며 농업을 해야 하는 나만의 이유를 찾고 싶었다. 낯선 세계에서 주민들과 함께 어울려 지내며 농촌 현장의 고민을 다시 풀어내야겠다고 마음먹고 필리핀행 비행기에 몸을 실었다.

소중한 것들을 지켜내기 위하여

내가 파견된 필리핀 지역은 필리핀 원주민들이 많이 사는 소외된 농촌 지역이었다. 마을 사람들은 대부분 전통방식으로 농사를 짓거나, 소작농으로 일을 하고 있었는데 기후위기로 인해 작물 생산량이 떨어지거나, 농산물 유통산업의 폐해로 생산자들이 농작물의 값을 제대로 받지 못하면서 삶의 질이 계속해서 하락하고 있었다. 기본적인 의료, 교육 등의 복지 혜택도 받지 못하는 지역으로 점점 낙후되니 젊은이들은 모두 도시의 공사판으로 일을 하러 떠나갔고 남겨진 농촌 사회는 대규모 축산업자, 자본을 움켜쥔 개발업자들에 의해 망가지고 있었다.

내가 참여한 프로젝트는 이런 농촌 사회의 붕괴를 막으며 자립 모델을 만들 수 있도록 친환경 자연양계 사업을 추진하는 것이었다. 단수와 정전이 수시로 일어나고, 냉장고, 에어컨, 세탁기와 같은 가전시설도 없을 만큼 열악한 곳이었지만, 온 힘을 모아 자연양계 사업에 몰두했다. 이런 힘을 낼 수 있었던 이유는 그곳에 '사람'이 있었기 때문이다. 고된 일을 마치고 축 늘어진 나를 걱정하며 수시로 안부를 물어주는 현지 주민들, 간식으로 나눠 먹자며 높은 파파야 나무에 올라가 과일을 따주는 동료들, 모든 일상과 희로애락을 함께하는 동료 단원들이 서로를 끈끈하게 지켜주고 있었다. 어린 시절 자라면서 곡성에서 느꼈던 따뜻한 환대의 감정이 떠올랐다. 기쁜 일에 함께 기뻐해주고, 슬픈 일에는 두세 배로 함께 슬픔을 나눠주는 이웃, 소중한 사람들이 사는 농촌이 사라지지 않도록 지켜야 한다는 생각이 나를 다시 단단하게 만들어주기 시작했다.

필리핀의 지속가능하지 못한 농촌 사회의 현실을 마주하면서 정신이 번쩍 들었다. 농촌이 무너지면 도시 또한 지속가능하지 못하고, 사회와 환경이 건강하지 못할 거라는 걸 알기에 이대로 농촌이 무너져서는 안 된다는 간절함이 일었다.

'농업으로 돈을 벌기 힘든 구조를 변화시키고 성장할 수 있는 기회를 다양하게 만들어야 한다.'

'농촌에 사는 사람들이 자신의 지역에서 살아가는 데 자부심을 느낄 수 있어야 한다.'

'농촌만의 매력과 특성을 기반으로 지속가능성을 찾아야 한다.'

이런 방향성이 내 안에서 정돈되면서, 헤어 나오기 힘든 내적 오춘기 물음표의 늪에서 빠져나와 느낌표의 출발선에 설 수 있게 되었다. 지금 고민하는 방향성을 지킬 수 있는 비즈니스 모델을 통해 농촌 사회에서 선한 영향력을 끼치는 사람으로 거듭나고 싶다는 욕심이 생긴 것이다. 그렇게 필리핀에서의 경험은 내 삶의 방향성을 일깨워주는 중요한 지표가 되었다. 완벽하고 완전한 답은 아닐지라도 내가 앞으로 달려나갈 궤도를 운동장 안과 밖에서 바라볼 수 있었던 온전한 배움의 시간이었다.

여행과도 같은 인생의 순간들

성인이 된 직후 친구와 대만여행을 떠난 적이 있다. 친구와 둘이서만 떠나는 첫 여행이라 모든 것이 새롭고 좋았다. 가장 신났던 것은 '넓은 세상을 내가 원하는 계획에 따라 여행한다'는 것이었다. 대만여행을 비롯해 여행은 새롭고 신선한 경험의 집합체가 되어 내가 성장할 수 있는 자양분이 되어주었다. 국제개발이라는 자원봉사의 형태였지만 필리핀에서의 시간 역시 내게는 긴 여행과도 같았다. 첫 시작은 이렇게 새롭고 열정적이며 무엇이든 해낼 수 있을 것 같은 마음이었다.

그렇지만 모든 일이 그렇게 마음먹은 대로 된 적이 있던가.(그건 신만이 가능하지 않을까) 말도 잘 통하지 않고 살아온 문화도 환경도 다른 사람들과 생활하면서 스트레스도 쌓이고 왜 이러고 있나 하는 고민도 자주 했다. 어떤 때는 답답함에 짜증을 내기도 하고, 혼자 울음을 삭힌 적도 적지 않았다. 반면에 별거 아닌 소소한 일상에 행복을 느낀 적도 많았다. 같이 일하는 현지 스태프들과 읍내로 버스 타고 나가서 회식하고 왔던 기억, 일하면서 같이 고래고래 노래 부르며 흥을 나눴던 기억, 너무 더워 늦은 밤 잠이 깨서 밖으로 나갔을 때 쏟아지는 별을 보며 황홀함으로 충만했던 기억, 모든 순간이 여행과도 같았다. 그런 시간 덕분에 내 삶이 다채로워졌다. 조금은 더 진중해지고, 깊어지고, 자유로워질 수 있게 된 것이다.

내가 지냈던 지역은 LTE는커녕 인터넷이 거의 안 터지는 곳이었다. 가족들에게 전화하려면 말 그대로 산 넘고 물 건너 한 시간을 읍내로 나와야 겨우 통화할 수 있었다. 그것도 전화 연결이 고르지 못해서 전화하자마자

"다들 잘 지내시죠? 저는 잘 지내요. 네, 잘 먹어요. 또 전화할게요."

이렇게 5분도 채 안 되게 통화하고는 다시 산 넘고 물 건너 마을로 돌아왔다. 한번은 우기 때 비가 엄청 많이 와 숙소로 돌아가는 길이 강물로 불어난 적이 있다. 물살도 세고 강물 높이가 가슴까지 와서 망설이고 있었는데, 현지 스태프들이 반대편에서 마중 나와 기다리고 있는 것이다. 건너기에 위험해 보이긴 했지만 걱정하며 기다리는 스태프들을 마냥 그대로 둘 수는 없었다. 왠지 모를 자신감에 가방을 머리에 얹고는 강물로 뛰어들어 한 발 한 발 건너편을 향해 걸었다. 건너편에서 스태프들이 노심초사하는 마음으로 함께 지켜봐 주고 있었기에 가능한 일이었다. 강 건너에서 만난 우리는 서로 반기며 가방을 들어주고 토닥여주었다. 그날 집으로 돌아가는 길에는 정말 말도 안 되게 커다란 달이 떠 있었다. 우기에는 좀처럼 보기 힘든 맑은 하늘에다 휘영청 떠 있는 달까지, 선물처럼 아름다운 순간이었다. 지금 여기에 있는 것 그 자체가 감사하고 소중하다는 것을 가슴 깊이 새긴 날이었다.

자신있게 뚜벅뚜벅

뻔해 보일지라도 내가 선택한 일

부모님처럼 땅에 대한 사랑과 농업에 대한 자부심, 환경과 인류애, 그런 것에 대해 나는 아직 잘 모른다. 아직도 배우며 채워가는 중이다. 분명한 것은 내가 살아가면서 소중한 사람들과 함께 농업, 농촌의 의미를 찾아가는 일을 할 것이라는 점이다. 그게 미실란이면 가장 좋고, 그 어디라도 내가 쓰일 수 있는 곳에서 내 방식으로 사랑하며 살아가고 싶다.

'미실란'은 부모님이 17년 전 전남 곡성에서 세운 농업회사법인이다. 발아현미 전문 브랜드로 유기농 친환경 쌀과 곡물을 생산, 가공, 판매하고 있으며 농가맛집 밥카페 '반하다'와 생태책방 '들녘의 마음'도 함께 운영하고 있다. 필리핀에서 귀국한 후 나는 미실란 기업을 이어받을 수 있도록 준비하며 일을 함께 돕고 있다. 기업을 이어받는다는 말이 거창하게 느껴지지만 실제로는 부모님이 그동안 짊어지고 있던 많은 부담과 어려움을 함께 감당한다는 것이 더 적절할 것이다.

현재 내 역할은 미실란에서 필요한 모든 일을 지원하는 것인데, 밥카페 '반하다'에서 손님들을 위한 서빙, 주방 지원, 카페 업무, 오프라인 매장 관리를 주로 담당한다. 처음에는 손님을 응대하는 법도 어설프고, 제품에 대한 정보도 많이 몰라서 단순히 계산해드리고 손님이 요청하는 일을 처리하기에만 바빴다. 손님이 질문이라도 하면 부끄러워하면서 버벅거리며 대답하기 일쑤였는데 이제는 어떻게 미실란을 알고 방문하셨는지 먼저 질문도 하고 설명도 해드리며 홍보맨으로서 역할도 제법 능수능란하게 하고 있다. 우리 회사의 가치는 무엇인지, 음식은 어떻게 만들어지는지 등에 관한 이야기를 손님들과 나누면서 방문한 분들이 단순히 식사 손님이 아니라 미실란과 관계를 만들어가는 소중한 인연이라는 것을 거듭 깨닫고 있다.

손님들을 애정과 관심을 갖고 대하다 보니 손님이 어떤 반찬을 더 선호하는지, 어떤 코드의 대화법을 좋아하는지, 어떤 제품을 주로 권해야 하는지를 예전보다 훨씬 빨리 읽어내고 있다. 여전히 부족한 게 많지만 미실란의 17년 세월에 걸맞게끔 성숙해가고 있는 지금의 내 자신이 만족스럽다.

"언젠가는 네가 미실란을 이어받지 않을까?"라고 말하던 친구들의 호기심 어린 궁금증에 괜한 반발심이 들어 한 번도 깔끔하게 긍정적인 답변을 하지 않았던 내가 이제는 제 발로 이 길에 뛰어들고 있다. 기업 대표의 아들이라서 뻔하게 기업을 이어가기로 결정한 것이 아니라, 내가 가장 잘하고 행복할 수 있는 일로서 미실란을 선택한 것이 자랑스럽다. 앞으로도 변함없이 지금처럼 미실란이 지닌 건강한 영향력을 키워갈 수 있도록 현장에서 고군분투하며 내공을 더 쌓아갈 작정이다.

중심 잡고 나아가기

업무 현장에서는 무수히 많은 일이 일어난다. 나는 돌발적인 상황에 흔들리지 않고 중심을 잡고 가는 것이 가장 중요하다는 것을 배우고 있다. 갑자기 들이닥치는 업무들, 세대 간의 의견 차이, 날씨와 상황의 변수 등 세상 모든 일에는 실수도 있고 갈등도 있고 예상치 못한 문제도 생기게 마련이라는 것, 그것을 이제는 자연스럽게 받아들이고 있다. 처음에는 그런 상황에서 유연하게 대처하지 못하는 실수도 많이 범했다. 동료에게 모진 말도 했고, 표정에서 불편함을 숨기지도 못했다.

지금은 그런 행동이 얼마나 어리석고 주변을 불편하게 하는지를 깨닫고 조심하며 품을 넓히려고 노력 중이다. 문화나 화법의 차이로 내가 말하는 사람의 의도와 다르게 해석하고 있는 건 아닌지 한 번 더 생각해보고, 상대방의 입장을 충분히 헤아려본 후에 대화를 이어간다. 견해 차이를 단시간에 맞추려고 하기보다는 긴 호흡으로, 시간을 갖고 생각할 필요가 있다는 것을 현장 일을 하면서 체득하고 있다. 지금 내게는 이곳을 방문하고 다녀가는 모든 분이 스승인 셈이다.

부모님이 일궈내신 '미실란'을 운영하는 것이 부담되는 것은 사실이다.

'어떻게 하면 구성원들과 더 즐겁게 일할 수 있을까?'

'건강한 먹거리를 지키기 위한 미실란의 다음 역할은 무엇인가?'

'우리 기업이 함께 꾸는 꿈은 무엇일까?'

매 순간 끝없이 자문하게 된다. 꿈을 가진다는 건 그만한 부담과 책임이 동반되는 것이라 생각하기에 이 무게를 기꺼이 감내하고자 한다. 마음의 안정과 실력을 지닌 사람이 될 수 있도록, 힘든 과정이 있더라도 담대하게 받아들이고 나아갈 수 있는 '외유내강'의 이재혁으로 계속해서 성장하고 싶다.

지금 내게 조금이라도 남아 있는 불안감을 해소하는 최선의 방법은 우선 '그냥 하는 것'. 해야 할 일을 서두르지 않으면서 차근차근 하는 것이다. 하루하루 최선을 다하다 보면 분명 미래의 어딘가 내가 생각하는 그 방향과 지점에 도달할 수 있을 것이라 믿기 때문이다.

농촌공동체와 공존의 일상

미실란의 일상은 정말 눈코 뜰 새 없이 바쁘게 돌아간다. 영화 〈리틀 포레스트〉에서처럼 여유롭고 느긋하게 시골 풍경을 누리는 시간도 잠깐씩은 있지만, 대부분은 하루 일정이 그야말로 꽉 차 있다.

"왜 그렇게 열심히 사냐?"

친구들이 종종 물을 때 내 대답은 단순하다.

"좋아서!"

열심히 밭에 있는 잡초를 뽑고, 열심히 주방에서 설거지를 하고, 열심히 녹슨 철문에 페인트를 칠한다. 다 좋아서 하는 일이다. 작물이 잘 자라면 건강한 농산물을 양껏 나눠 먹을 수 있어서 좋고, 설거지를 깨끗이 하고 나면 주방 스태프들이 애썼다고 맛있는 간식도 챙겨주고, 녹슨 철문에 페인트를 곱게 칠

하고 나니 손님들이 예쁘다며 사진을 찍고 가니 어찌 즐겁지 아니하겠는가. 내 손길이 필요로 하는 곳에 쓰이고, 이 공간에서 머물고 지내는 사람들에게 기쁨을 줄 수 있다는 것이 행복하고 감사할 따름이다.

농촌 생활은 이런 멋이 있다. 내가 땀 흘리고 정성 들여 가꾸면 그만큼을(아니 그 이상을) 보답받는다. 오감으로 그 행복을 누릴 수 있게 된다. 남들은 일부러 시간 들여 돈 들여 찾아가는 캠핑장도 여기엔 코앞에 있다. 아름다운 섬진강이 주는 여유와 넉넉함을 삶 속에서 절로 익히고 배울 수 있다.(아침이면 물안개가 종종 피어나는 아름다운 섬진강을 정말 사랑한다.)

미실란에서 일하고 있는 동료 중에서도 농촌이 주는 공간의 매력에 빠져 타지에서 온 경우가 있다. 이제 나에게 숙제는 이렇게 일부러 찾아온 귀촌민들과 곡성에서 나고 자란 주민들을 어떻게 연결할 것인가이다. 함께 더불어 사는 지역민으로서 같이 행복할 수 있기를 바란다. 따뜻한 안부를 자주 나누고, 문제가 있을 땐 함께 논의하고, 어려운 일에는 주저하지 않고 발 벗고 나설 수 있는 관계망을 더욱 촘촘하게 만들고 싶다. 농촌 지역에 사는 것이, 도시보다 불편하고 힘들다는 장벽으로 인식되는 것이 아니라 여유 있는 공간에서 마을 단위의 작은 사회가 나름의 속도와 흥을 즐기며 지내는 것이라 해석될 수 있기를 기대한다.

최근, 지역의 교육 행사에 참석해서 흥미로운 이야기를 들었다. 곡성이 고향인 한 선생님은 광주에서 대학을 다닌 후 고향에서 살고 싶어 일부러 남들이 선호하지 않는 곡성으로 발령을 신청했다고 한다. 도시에 나가 대학 생활을 하면서 살아보니 고향의 기억이 더 소중하게 다가왔고, 고향을 지켜야 한다는 생각이 더 선명해졌다고 한다. 그래서 지금은 교사 생활뿐만 아니라 지역의 청년들과 함께 지역에 맞는 교육을 고민하고 논의하는 공동체 활동도 하고 있다는 이야기를 들었다. 나도 앞으로 이런 지역 활동과 모임에 적극적으로 참여해볼 생각이다. 소중한 것을 함께 귀하게 여기고 돌보려 하는 사람들이 여기에 있다. 여기에서 우리가 살아갈 수 있는 온기를 지켜나가려 한다.

농촌의 체인지 메이커를 꿈꾸다

빈 도화지에 큰 그림이 그려지고 나니 이 그림의 색을 채우는 현재의 작업들이 즐겁다. 미실란에서 일하면서 5년 후, 10년 후를 꿈꾸기 시작했다. 우선 쌀을 이용한 나만의 브랜드를 런칭해야겠다는 명확한 목표가 생겼다. 현장에서 경험하며 알게 된 새로운 기능성 쌀 품종들, 대학에서 배운 품종별 쌀 성분의 정보와 특징, 그리고 서비스업 경험을 통해 얻게 된 인사이트를 연계시켜 건강한 쌀 가공 제품 브랜드를 런칭할 계획을 세우고 있다. 기후위기의 변화 가운데에서도 식량안보를 지켜낼 수 있는 건강하고 친환경적인 쌀 재배 기술도 정리해서 내 삶의 방향성과 근간을 만들어주었던 필리핀에 다시 방문해보고 싶다.

'청년들이 농촌으로 와야 한다.'고 주장하기보다 청년이 농촌에서 머무르고 싶다고 결심할 때 주저하게 되는 장벽을 허물 수 있는 정책이 필요하다고 생각한다. 나 역시도 어떻게 하면 그런 역할을 할 수 있을지 고민해보고 있다. 호기심으로 농촌을 잠시 경험해볼 수도 있고, 농촌을 비전으로 삼고 귀농을 할 수도 있고, 농촌과 도시를 오가는 삶을 유지하며 살 수도 있을 것이다. 다음 세대는 거주 공간에 대한 자율성이 더욱 커지기를 기대하며, 농촌 지역이 청년들에게 신뢰를 주고 안정적인 공간으로 다가갈 수 있도록 이 사회가 계속해서 노력을 기울여주기를 바란다.

언제든 와서 즐기고, 공유하고, 함께 땀 흘릴 수 있는 농촌 문화 공간을 조성해볼 계획이다. 청년들이 새로운 지역에서 자신만의 재능을 적극적으로 활용하여 활력을 불어넣는 도시재생 활동을 추진하는 사례를 보면서, 농촌 지역 곳곳에 그런 모델이 형성될 수 있다는 확신이 든다.

공부를 학문으로만 생각하면 무미건조하게 느껴지지만 현장과 미래를 잇는 연결고리를 튼튼하게 해주는 힘을 키우는 과정이라고 생각하면 더없이 소중하고 귀하게 느껴진다. 사회적 책임을 다하며 지속가능한 농촌을 만드는 영리기업을 운영하기 위해, 사회적 가치와 효과를 기업의 수익과 결부하는 전략 수립에 대한 것 등 사회적경제에 관한 공부도 하고 싶다. 이전에는 전혀 와 닿지 않던 분야이고 단어였는데 새로운 것을 탐구하고 싶은 의지가 샘솟는 나 스스로가 낯설면서도 반갑다. 환경을 최우선으로 여기는 파타고니아, 지역을 위한 나눔과 실천을 중요시하는 성심당, 아프리카 여성들의 건강한 자립을 지원하는 제리백 등 건강한 사회를 위해 반짝반짝 빛나는 역할을 하는 사회적기업들을 연구하며, 지속가능한 농촌을 지향하는 농업 비즈니스 모델을 더욱 튼튼하게 만들 예정이다.

앞으로의 시간 속에서 나는 수없이 휘청거리기도 할 테고, 머리를 쥐어뜯고 있을 수도 있겠지만, 그때쯤이면 이 글을 읽고 있는 여러분 중 누군가가 내 옆에서 함께 달려주고 있지 않을까? 200년 전만 하더라도 노예 해방을 외치는 사람은 바보 취급을 당했다. 100년 전 여성 참정권을 외치는 사람들은 사회에서 멸시를 당했다. 건강한 세상을 향해 뚜벅뚜벅 걸어가는 사람이 시대 속에서는 바보처럼 어리석게 보일지 모르겠지만, 나는 믿는다. 뚜벅뚜벅 걸어가는 우직한 힘을.

스물여섯 지우

글이라는 자유롭고 불안정한 운명

글을 쓰는 자신의 재능 혹은 좋아하는 일을

돈으로 변환해낼 가능성을 타진하다 보면 이내 지치고

'글 써서 먹고살기 힘들다'는 등의 세상 얘기를 신봉하게 된다.

나의 경우는 글을 쓸 수 있는 창구에 생각을 전하고 세상에 동참하는 차원으로

계속해서 글을 써왔고 그로 인해 현재에 이르게 되었다.

여전히 불안정함과 동행하고 불안정함과 타협하기도 하지만

좋아하는 글쓰기를 멈추지는 않으려 한다.

글쓰기가
노동이 될 줄 몰랐다

스스로를 '불안정의 아이콘'이라 부르는 이유

공교육에 유령처럼 돌아다니는 '독서교육'이라는 개념이 운 좋게 잘 먹힌 사례가 있다면 단연코 나라고 말하고 싶다. 경기도의 혁신학교인 홍덕고등학교에서는 교과 외 독서 활동이 다양한 방식으로 펼쳐졌는데, 1학년에서 2학년으로 올라가는 겨울방학에 우연히 참여한 독서 프로그램에서 읽기와 토론의 재미를 발견했고, 그걸 시작으로 10대의 마지막 나날들을 훌륭한 책들과의 만남으로 채워낼 수 있었다. 그 전까지는 부모님이 걱정할 정도로 활자에 관심이 없는 애였는데 스스로도, 부모님이 보시기에도 아주 큰 변화가 찾아온 것이다. 특히 입시와 수능을 준비하던 고등학교 3학년 때 책 읽기에서 지식과 위안, 용기, 논리를 얻으며, 이 시기에 책가방에 책을 꼭 한두 권씩 싸가지고 다니는 습관을 들였다. 그 덕분에 여전히 다독하는 편이고 책을 많이 읽다 보니 자연스럽게 글쓰기로 이어진 것 아닐까 생각한다.

글을 쓰는 일에 발을 딛게 되면서 항상 '운이 좋았다'고 생각한다. 실은 글 쓰는 것이 어릴 적부터 꿈은 아니었다. 어떤 상황에 놓이면서 세상을 향해 그것을 표현할 수 있는 통로가 글이었기 때문에 인연이 시작되었다. 분명한 건, 책읽기를 좋아하게 된 것이 글을 쓸 때 도움이 되었다는 점이다. 책을 읽으며 영감을 얻는 것은 물론이고 나만의 정의를 내리는 일이 일상이 되면서 글과 자연스러운 사이가 되었다.

물론, 지금도 나에게 붙여지는 '칼럼니스트'나 '작가'라는 직업군의 용어가 어색하고 난감하다. 게다가 나는 마감을 아주 잘 지키는 쪽에 속하지 않고(늘 찔리는 대목이다) 뭔가 '필(feel)'이 와야 글을 시작하는 편이라 아직 훈련이 덜 되어있다고 볼 수 있다. 글을 써서 경제적 안정을 얻거나 먹고 사는 일이 가뿐하게 해결될 거라 생각하진 않지만 이 일을 아직도 꽤 좋아하는 걸 보면 그야말로 천직이라는 생각이 든다. 그래서 어차피 글 쓰는 일을 평생 할 것 같으니 스스로 '불안정의 아이콘'이라고 부르며 받아들이기로 했다.

소셜 미디어 덕분에 글 쓰는 사람으로서의 정체성을 확보할 수 있었다. 적절한 시기에 적절한 플랫폼(페이스북, 인스타그램, 왓챠)을 이용한 덕에, '내가 글을 쓰고 있다'는 사실이 세상에 닿았다. 고등학생 때까지는 일부러 스마트폰을 사용하지 않았기에 소셜 미디어 활용에 밝지 못했다. 어떻게 보면 어느 정도 문장다운 문장을 쓸 수 있게 되었을 때 소셜 미디어에 접근하게 되어서 다행이다.(흑역사를 남기지 않고 적당히 이용할 수 있었으니.)

우리나라에서 예체능 분야는 그야말로 재능이 출중하거나 너무 좋아서 도저히 포기가 안 될 때 선택하는 분야로 청소년들에게 인식되어 있는 것 같다. 나 역시도 글을 쓰는 일이 직업이 될 수 있을까를 두고 주변의 숱한 우려와 내 안의 우려까지 더해져 항상 잘하고 있는 건지 자문하게 된다. 대학 전공을 인문학이나 예술 관련으로 선택하는 일도 좋고 싫음의 문제가 아니라 '용기'가 필요한 것이 내심 안타까운 현실이지만 공부를 하면서 내가 이 분야에 매력을 느끼고 좋아한다는 것을 경험한다.(아, 그래도 고백은 해야겠다. 나는 성실한 대학생은 아니었다.)

나는 청소년 시기에 이렇다 할 재능이나 특출난 소질이 전혀 엿보이지 않았다. 심지어 취미도 뚜렷하게 없었다. 잠깐 뜨개질을 좋아하거나 일본어 공부를 해본 정도랄까? 그런 면에서 20대가 되어 취미를 직업으로 이어나가고 있는 게 신기하고 운이 좋다는 생각이 든다. 영화 보는 걸 좋아해서 밤새 영화를 보고 평론을 뒤져보는 게 취미였는데 영화 평론가 활동을 하고 있고, 여행을 엄청 좋아해서 툭 하면 여행을 떠났던 덕분에 영어를 잘하게 되어서 영어권 회사에 취직도 할 수 있었다.

청소년 시기에 정확하게 목표한 꿈으로 선을 그어놓고 달려왔더라면 오히려 닿지 못했을 현재의 모습이다. 길을 찾아가는 방향이나 모습은 제각각이다. 그래도 분명하게 말하고 싶은 건, 내가 좋아하는 방향으로 달려야 더 즐겁고 재미있게 달릴 수 있다는 거다. 애써서 나 자신이 잘하는 걸 찾거나 연마하지 않았지만 내가 좋아하는 것들에 깨어 있었다. 자유로운 이 일을 하면서 스스로 '불안정의 아이콘'이라는 닉네임을 붙인 것이 자랑스럽다.

정치 때문에 글을 쓰게 될 줄이야

나를 '칼럼니스트'라는 길로 인도해준 건 〈오마이뉴스〉라는 언론사이다. 〈오마이뉴스〉에 시민기자로 60여 건이 넘는 기사를 썼고 그중에서 많은 글이 높은 조회수를 올리며 이슈가 되었는데, 그 덕분에 〈한국영화〉, 〈씨네21〉, 그리고 최근엔 〈한겨레21〉 등 다른 매체와도 관계를 맺고 꾸준히 글을 쓰고 있다. '90년대생 여성'이라는 타이틀의 덕도 보고 있는데, 기성 작가와 칼럼니스트들의 토론회 등에 '90년대생'이라는 신생 칼럼니스트, 평론가로 합류하는 기회를 얻었고 그동안 가졌던 의문과 생각들을 발현하면서 계속 기회가 이어졌다. 《90년대생이 온다》라는 제목의 책이 등장할 정도로 '90년대생'을 새로운 시각과 궁금함으로 보는 문화의 덕을 본 셈이고, 그중에서도 나는 정치에 관심이 많은 축에 속해 더 많은 자리에 초대되었다.

어릴 적부터 정치에 대한 관심을 자연스럽게 갖게 된 것은 부모님의 영향이다. 현실 정치에 관심과 의견이 많은 부모님 아래서 크는 동안 많은 이야기를 들었고, 그 이야기 가운데 가장 많이 언급된 존재가 바로 노무현 전 대통령이었다. 내가 정치에 많은 관심을 갖고 정치적 주체로 성장하는 데 가장 큰 영향을 준 것이 바로 그의 정치적 여정이다. 노무현이라는 사람이 가지고 있는 정치 철학과 사람을 위하는 마음에 대한 존경과 진보정당에 대한 호감을 바탕으로 정치의식을 쌓아갔다. 대학에 다니면서 노무현 재단에서 봉사를 하며 인연을 맺은 것도 좋은 경험으로 자리했다.

대학교 2학년이었던 2016년, 학내 언론의 편집장을 맡게 되었는데, 내가 다니던 이화여대에서 시작된 시위가 박근혜 대통령 탄핵사태로 이어진 몇 개월은 내 의식에 가장 큰 변화를 일으킨 초유의 사건이 일어난 시기였다. 하필 이 시기에 편집장을 맡는 바람에 그 모든 사건의 흐름에 너무 깊게 관여한 탓도 있었겠지만, 이를 둘러싼 모든 주체(학교(학생들과 본부), 여당, 야당, 언론, 대중)에 인생이 바뀔 만큼 크게 실망했다. 현실을 파악하는 인식 틀이 뿌리부터 흔들려서 큰 혼란을 겪었다.

몇 달간 너무나 강렬했던 학교와 거리를 두기 위해 휴학을 신청하고 한 언론사에서 반년간 인턴 기자 생활을 하며 2017년 조기 대선 정국을 바라보게 되었다. 나는 정권 창출을 위해 민주당이 내리는 모든 선택에 동의할 수 없었고, '진보 진영'에 가졌던 평생의 호감이 이 시기에 무너졌다. 롤모델, 정치적 선배, 따르고 싶은 사람들을 모두 다 잃었다. 2021년의 한국 사회는 롤모델이 모두 죽은 사회이며, 나의 긴 대학생활은 총체적으로 어릴 적 영웅들을 잃는 과정이었다. 청소년 때 계획으로는 대학에 가서 스물세 살쯤 방송국 기자로 칼취업을 하고, 지금 나이(스물여섯)엔 이미 세상을 바꾸고 있을 줄 알았다. 기자로 성공한 뒤엔 정치인이 된다는 경로가 무너지는 경험이었다.

항상 정치를 삶에서 큰 부분으로 여겨왔지만, 2017년을 기점으로 한국 정치에 대한 기대를 상당 부분 내려놓으면서 기자의 꿈도 함께 놓았다. 세계를 여행하기 시작한 시점도 이때다. 한국에서 강렬했던 시기를 벗어나 더 넓은 세상을 보았고, 이 과정에서 얻은 시각으로 영화를 볼 줄 알고 글을 쓸 줄 알게 되었다. 이 시점부터는 정치가 아니라 예술을 통해서 하고 싶은 말을 하며 살겠다고 마음을 먹었다.

글이 돈으로 변환되는 경로

누구나 어떤 식으로든 글을 쓰고, 써야 하며, 잘 쓰고 싶어 한다. 사람에겐 자기표현의 욕구가 있기 때문인데 글은 혼자서 할 수 있는 가장 깊은 자기표현이다. 물론 자기표현의 일환으로 그림을 그리거나 음악을 하거나 춤을 추거나 요리를 하는 사람도 있을 것이다. 하지만 내가 아는 모든 것을 통틀어 (자신의 모국어로) 글을 쓰는 것만큼 간편하고 명확한 자기표현의 길은 없다. 연필과 종이, 노트북, 휴대폰 중 하나라도 가지고 있다면 글을 쓸 수 있다.

하지만 자본주의 사회는 '누구나 할 수 있는 일'을 직업이라 부르지 않는다. '숨 쉬기'와 '밥 먹기'가 직업이 아니듯(물론 그 행위를 동반하는 전문성이 있을 수는 있다고 생각한다. 명상가나 음식 평론가처럼.) 말이다. 누구나 할 수 있는 일은 이 사회에 걸맞는 '가치'를 창출하지 못한다. 바로 이 지점에서, '직업으로서의 글쓰기'와 '직업이 아닌 글쓰기'가 구분된다. 어젯밤 공책에 쓰고 누구에게도 보여주지 않은 나의 일기는 아무런 사회적 가치를 창출하지 못한다. 자본주의 사회에서 재화로 교환될 수 없고, 누구도 그것을 보기 위해 돈을 지불하지 않을 것이라는 말이다. 하지만 내가 어제 모 언론사에 송고한 한 편의 글, '짝사랑의 기억을 담은 영화 5선'이라는 제목의 글은 조금 다른 운명을 맞이할 것이다. 이 글이 온라인에 개재되는 순간, 글은 가치(자본)를 창출하기 시작한다. 독자들이 유입되고, 트래픽(조회수 등)이 집계되면, 글이 있는 자리는 곧 '광고'를 할 수 있는 자리가 된다. 제품 광고든 뭐든, 나의 글이 독자들을 끌어오면 광고주들은 이제 그 자리를 차지하기 위해 돈을 지불할 것이다. 기자, 작가, 평론가, 칼럼니스트의 고료는 이런 식으로 발생한다. 내가 쓴 글을 통해 해당 매체가 '팔아재낄' 광고수익, 그것의 일부가 필자에게 '원고료'로 쥐어지는 것이다.

현 시점엔 청소년뿐만 아니라 거의 모든 세대가 온라인에서 글을 사고 팔고 소비하는 것에 훨씬 익숙할거라 생각해 이런 예시를 들어보았다. 또다른 나의 글은 인쇄 지면에 실릴 때도 있다. 원고료를 받고 쓴 글이 신문이나 잡지 등에 실릴 때에도 위와 비슷한 광고 메커니즘을 갖는다고 할 수 있다. 서점에서 팔리는 '단행본'에 글이 실린다면, 독자가 해당 도서를 직접 구입하며 수익이 발생한다. 광고를 경유하지 않는다는 말이다. 가끔은 수익 창출, 혹은 판매 행위와는 관련이 없는 글을 쓰게 되기도 하는데 어떤 글이든 지속적으로 세상에 내놓는 작업을 통해 자신의 글 정체성이 만들어진다고 생각한다.

글을 쓰는 주변인들을 보면 나를 포함해서 '지망생의 느낌'을 벗어나는 데 오랜 시간을 보내고 재화로 전환되지 않는 시간이 오래 지속되면 이내 글쓰기를 포기하는 경우를 보게 된다. 글을 쓰는 자신의 재능 혹은 좋아하는 일을 돈으로 변환해낼 가능성을 타진하다 보면 이내 지치고 '글 써서 먹고살기 힘들다'는 등의 세상 얘기를 신봉하게 된다. 나의 경우는 글을 쓸 수 있는 창구(오마이뉴스 시민기자, 소셜 미디어 활용 등)에 생각을 전하고 세상에 동참하는 차원으로 계속해서 글을 써왔고 그로 인해 현재에 이르게 되었다. 현재도 여전히 불안정함과 동행하고 불안정함과 타협하기도 하지만 좋아하는 글쓰기를 멈추지는 않으려 한다.

내가 혁신고등학교에서
배운 것들

정답이 아닌 오답의 매력을 알게 되다

사회가 정한 '정답'을 따르지 않는 나의 모습을 부끄러워하지 않아도 된다는 게 나의 신념 중 하나다. 내가 한 선택을 신뢰하고, 그 선택들로 만들어진 길을 뚜벅뚜벅 걸어가는 모습은 얼마나 아름다운가. 가수 케이윌의 노랫말 중에 "못생긴 애들 중에 내가 제일 잘 생긴 것 같대"라는 가사가 있다. 지금까지 삶의 궤적을 보면 나는 '잘생긴 애들 중에 가장 못생긴 애'였다. 외모에 대한 얘기는 물론 아니고, 나는 항상 가장 '정답' 같은 길을 걷는 사람들 중에서 가장 '오답'에 가까운 선택을 하는 사람이었다는 말이다.

대안학교에 진학할 용기는 없었지만, 공교육 제도권 안에서 가장 새로운 학교인 혁신학교로 진학했다. 대학 이름이나 학벌의 무용함을 일찍이 알았고 별 욕심도 없었지만, 어쨌거나 4년제 대학에 진학했다. 비슷한 성적과 비슷한 배경의 학생들이 모이는 대학이라는 곳에서 나는 정말 독특한 축에 속했다. 학점을 필두로 하는 스펙 등에 전혀 관심이 없었고, 취업 역시 먼 나라 이야기인 양 굴었다. 수업을 고를 때 단 한 번도 성적에 유리한지 불리한지를 재거나 따져본 적이 없다. 글 쓰는 것이 좋아 학내 언론 활동을 열심히 했고, 모험이 좋아 앞뒤 사정 재지 않고 아르바이트비를 모두 쏟아부어 여행을 다녔다. 한번은 중간고사를 다 치르고 기말고사를 앞둔 상황에서, 홍콩의 정치적 상황이 너무 걱정(!)되어 중도 휴학을 신청하고 홍콩으로 떠났던 적도 있다.

나는 트랙에서 벗어나본 적이 없지만, 항상 그 트랙의 맨 가장자리에 있어왔다. 내가 사회가 정한 정답을 따랐던 이유는 그렇게 하지 않았을 나에게 부끄러움을 느끼리라 생각했기 때문일까? 이 부분에 대한 나의 진정한 마음이 무엇인지는 아직도 잘 모르겠다. 다만 인생을 다시 살 수 있다면 가장 오답처럼 보이는 것만 고르며 살고 싶다는 것만은 안다.

혁신학교에서 얻은 '지적 자신감'

혁신학교의 독특한 수업 중 하나로, 한 학기 동안 사회 교과목 하나를 듣지 않는 대신 자유 주제에 대한 연구를 진행하고 논문을 작성하는 수업이 있다. 고등학교 2학년 때의 일인데, 나는 이를 통해 처음으로 '지적 자신감'을 얻을 수 있었다. 연구 방법론, 글 쓰는 법, 생각하는 법을 터득하면서 단순히 숫자로 표기되는 성적과 등급으로 설명되지 않는 나의 지적 강점을 드러낼 수 있었던 경험이다.

당시 우리 학교 근처의 경희대학교에서 박사과정을 밟고 있던 선생님께서 강사로 수업을 이끌어주셨다. '공교육에서의 정치 교육'에 대한 연구를 진행했던 나는, 연구를 하고 논문을 쓰는 게 정말 재밌었다(그래서 나는 미래에 대학원에 진학해 논문을 기가 막히게 쓸 줄 알았다. 하하). 이때의 경험과 배움이 대학까지 이어졌는데, 신입생 때부터 논문 형식의 리포트를 그 누구보다 잘 썼다고 자부한다. 이 분야에선 거의 만점을 받았는데 그것으로 매번 처참한 필기시험 점수를 메우며 대학 생활을 보냈다.

대입을 인생의 화두로 두었던 시기는 없었지만, 일단은 학교 공부를 따라가면서 혹시 마음이 생겼을 때 대학에 진학할 수 있을 만한 성적을 항상 만들어놓았다. '한국식 공부'에 있어서 남들보다 뛰어나다고 느낀 적은 없지만, 초등학교와 중학교를 지나오며 시험 성적을 통해 기분 좋은 성취감을 느꼈던 기억은 몇 번 있다. 고등학교 땐 학교생활을 워낙 즐겼던 터라 내신 성적을 높은 점수로 이어오긴 했는데, 수능에 대한 묘한 욕심도 있었기에 학교 밖에서 인강 등을 병행하며 준비했다.

아이러니한 부분이 있다면, 결국 대학은 수능 점수가 필요 없는 수시 전형을 통해 진학했다. 더 아이러니한 건, 비교과 활동이 별로 중요하지 않고 거의 절대적으로 내신 성적만을 보는 전형으로 대학에 들어가게 된 것이다. 혁신학교에서 내가 가장 큰 가치를 두고 했던 이런저런 경험들이, 결론적으론 대학 입시에 큰 영향을 주지 않았다는 사실이 이제와 생각하면 재밌다.

나에게 영향을 준 책과 사람들

고2 때부터 책을 좋아하게 되면서 학교와 도서관의 도움으로 여러 분야의 책들을 읽을 수 있었다. 그중 아빠가 사주었던 YTN 해직기자 〈노종면의 돌파〉라는 책은 언급하지 않을 수 없는 중요한 책이다. 또 고등학교 졸업을 앞두고, 3년간 내게 국어를 가르쳤던 선생님으로부터 선물받은 〈고종석의 문장〉 1, 2권 세트에서 글쓰기의 모든 것을 배웠다고 말해도 과언이 아니다. 선생님은 내가 글을 쓰게 될 줄 어떻게 아셨던 걸까?

지금에야 할 수 있는 얘기지만 청소년기에 잘한 것을 꼽아보자면, 수능이란 제도를 저주하거나 싫어하지 않고 적당히 순응하면서 지식을 습득한 것이다. 특히 주요 과목인 수학과 영어인데, 이 시기에 수능 고득점을 목표로 공부하고 머리를 썼던 덕분에 대학에 와서 새로운 지식을 습득하는 것에 대한 용기와 자신감을 얻을 수 있었다. (다른 나라에 비해 매우 어려운 수준인) 한국의 수학 교과에서 제공하는 어려운 개념과 원리를 이해해본다면 세상에 있는 어떤 공부도 할 수 있다고 본다. 그렇기에 나는 학생 때 수포자가 되기보다는 끝까지 도전하는 지적 경험을 해보는 것이 중요하다고 생각한다. 한국 영어 교육의 유용성에 대한 비판이 많지만, 이러나저러나 수능을 목표로 영어를 공부해봐서 그런지 대학에 와서는 여러 경험을 통해 진화하며 이제는 완전 유창하게 언어를 구사할 수 있게 되었다. (한편, 내가 수능에 담긴 주요 교과의 지식을 어느 정도 지지하는 것과는 별개로, 공교육, 수능에서의 '국어' 교과는 완전히 잘못되었다고 생각한다. 한국 공교육에서 상정하는 '국어' 교과의 총체적 문제를 지적함과 동시에 말하기, 쓰기, 읽기, 듣기를 정말 열심히 하라고 말하고 싶다.)

대학에 와서는 믿을 수 없을 만큼 좋은 책들을 많이 만났다. 나의 형편없는 대학생활은 오로지 이 책들을 만나기 위해 시작된 것이었을지도 모른다. 대학교 1학년 1학기 신입생들이 필수로 들어야 하는 교양 수업에서는 조세희의 《난장이가 쏘아 올린 작은 공》을 처음으로 '수능 버전이 아닌' 풀 버전으로 읽고 뇌가 흔들리는 경험을 했다. 학교 근처의 24시간 카페에 앉아 밤새도록 읽고, 조금 울고, 문장들을 따라 썼던 기억이 생생하다. 사회문학을 통한 최초이자 최대의 충격을 체험한 것이다. 같은 시기, 《경계 없는 페미니즘》이라는 인도 여성학자의 저서를 독어독문학과 교수님의 지도하에 읽으며 페미니즘에 입문했다. 우리에게 익숙한 서구 학자들의 목소리가 아닌 제3세계 페미니즘을 통해 여성주의를 처음 배웠기에, 성별을 넘어서는 모든 차별의 메커니즘을 이해하고 배울 수 있었다. 그 무엇과도 바꿀 수 없는 행운이라고 생각한다. 여자대학 안에서 만나는 모든 텍스트는 페미니즘이 될 수 있었다. 게일 루빈의 《일탈》, 오드리 로드의 《시스터 아웃사이더》 역시 지금의 내가 생각하는 방식에 큰 영향을 준 소중한 책들이다.

인문학부에 입학해, 전공을 한 열 번 바꿔가면서 세계의 문학과 철학을 많이 접했다. 독일에선 발터 벤야민과 하인리히 뵐, 프랑스에선 롤랑 바르트와 아니 에르노를, 러시아에선 치프킨과 뚜르게네프를 열심히 읽는 와중에 뜬금없이 국문학과에 정착해 언어와 문학을 공부하게 되는 운명을 만났다.

자유롭고 싶은데
더없이 속박된

꿈이라는 속박과 기대 그리고 자유

내 기억 속 최초의 꿈은 '가게 주인'이 되는 것이었다. 초등학교 2학년 때였는데 집 앞 슈퍼에 가는 것이 즐거웠고, 가게 주인이 되면 그 모든 달콤한 것들을 다 가질 수 있을 거라는 생각에서였다. 이 시기엔 맛과 먹을 것에 대한 욕심이 꽤나 있었는지, 3학년 때부터는 요리사가 되고 싶었다. 이는 나름 진지하게 고려되었던 진로로, 향후 조리학교 진학을 생각하기도 했다. 지금의 나는 요리를 전혀 하지 않고 맛있는 것에도 별 관심이 없는 자취 7년차 어른이 되어버렸지만, 만약 요리사가 되었다면 틀에 박힌 사고를 하지 않는 창의적인 내게 잘 어울렸을 것 같기도 하다. 결론적으로 이 꿈은 배제되었는데, 이유는 10대 시절의 내겐 '공부'가 아닌 다른 것을 선택할 용기가 없었기 때문이다.

초등학교 6학년 때 텔레비전에서 스치듯 지나가는 드라마의 한 장면을 보고는 기자라는 직업을 꿈꾸기 시작했다. MBC에서 방영한 〈스포트라이트〉라는 드라마였는데 배우 손예진이 연기하는 방송기자가 정말 멋있었다.

TV라는 공적인 채널을 통해서 목소리를 내는 기자라는 직업에 어찌 매력을 느끼지 않을 수 있겠는가! 지금이었으면 대뜸 유튜브 채널을 만들었을 수도 있겠지만, 그때는 마이크가 아무에게나 쥐어지는 것이 아니라고 생각했다. 기자가 되고 싶다고 처음 생각한 열세 살부터 그 꿈을 접은 스물두 살까지, 나는 멋진 사람들과 다양한 경험을 하면서 이 꿈을 꾸는 이유와 목적을 구체화할 수 있었다. 덕분에 이 꿈이 더 이상 나의 것이 아니게 된 순간이 왔을 때도 그것을 바랐던 이유만큼이나 포기하는 이유를 구체적이고 선명하게 말할 수 있었다.

청소년 시절엔 미래에 대한 다채로운 상상이 끊임없이 찾아왔고, 그중엔 전혀 성격이 다른, 새로운 차원의 꿈들도 있었다. 중학교 1학년 땐 야구에 빠졌었는데, 야구선수가 되지는 못할 것 같았기에 '야구심판'을 하고 싶었다. 중계를 통해 보는 심판들은 다들 몸집이 큰 아저씨들이길래, 내가 최초로 젊고 예쁜(?) 여자 심판이 되어 전 국민적 인기를 누려보리라 생각했다. 고등학교 2학년 땐 하루 정도 판사가 되고 싶었던 날이 있었다. 어디에서 영감을 받은 건지는 기억이 나지 않지만, 왜 하루 만에 꿈을 접었는지는 확실히 기억이 난다. 인천지법 판사의 하루를 담은 다큐를 유튜브에서 보고서였다. 7시 반에 출근해 매일 야근하는 전형적인 K-직장인의 삶이라니, 나와는 맞지 않을 것을 금방 알아챈 것이다.

오랜 기간 명사형 직업으로 명명할 수 있는 꿈을 가지고 있었기에, 그 기간에는 방황이나 고민을 하지 않을 수 있었다. 미래를 그릴 수 있었고, 그 미래를 생각하면 즐거웠다. 내가 한 가지 몰랐던 것이 있다면, 이런 오래된 꿈도 하루아침에 사라질 수 있다는 것이었다.

기자가 되지 않기로 결정한 것, 즉 꿈을 잃어버린 경험은 많은 것을 바꾸어놓았다. 기자가 되지 않기로(방송국 입사 시험을 보지 않기로) 결정했기에, 학교를 느릿느릿 다니면서 전 세계를 여행하는 20대를 보낼 수 있었다. 청소년기엔 명사형 꿈을 가진 것이 심리적 안정감을 주었다면, 어른이 되어 그 꿈을 잃고 나서는 더욱 창의적인 방식으로 미래를 꿈꿀 수 있어서 좋았다.

어른은 체질에 맞지 않다

어른이 되기 싫었다. 어른이 되는 건 심지어 무서웠다. 가족들과 극장에서 2006년에 개봉한 영화 〈괴물〉을 관람한 적이 있다. 어린 딸 고아성을 구하기 위해 온 어른들이 목숨을 걸고 온 힘을 다하는 걸 보고 (구하러 올 어른들이 있으니) 아이인 것은 참 좋은 거구나 라는 생각과, 반대로 어른인 것은 참 어려운 일이구나를 처음으로 생각했다.

2014년 11월, 수능을 며칠 앞두고 목인지 배인지가 아팠다. 의사선생님은 수험생인 나를 진심으로 걱정해주었다. 나는 이제 며칠 뒤 수능이라는 저 선만 넘으면 어른이라니, 그게 너무 싫다는 생각이 다시 한 번 들었다. 아마도 나의 부담을 몸이 알아채서 아파준 것이 아닐까?

그때 가졌던 부담처럼 '어른'의 시기는 수능이 끝나자마자 바로 오는 것이 아니었다. 나는 사실 스물다섯 살이었던 고작 일 년 전까지, 아이의 상태에 가까웠다. 학교가 있었고, 인생을 망치면 돌아갈 가족의 집이 있었다. '먹고사니즘'에 대한 고민이 크게 없는 완전한 이상주의자로서의 시기였다. 아이들이 그러하듯 '내가 지금 당장 원하는 것'을 빠르게 포착하고 그것을 지금 당장 실현하는 일이 중요했다. 나이로는 '어른 된' 권리를 언어 대학의 안락함을 누리며, 아이처럼 하고 싶은 모든 걸 당당하게 요구하고 해내는 인생의 황금기였다고나 할까?

그리고 스물여섯. 졸업논문 작성을 차일피일 미루며 재학생 신분을 유지하고 있는 덕분인지, 그간의 글쓰기 활동이 인정을 받으며 감사하게도 지면 데뷔를 하게 된 덕분인지, 대학 생활의 안락함이 끝날 기미를 보이기 시작했지만 불안하다거나 백수가 된 느낌은 들지 않았다. 정말 오래간만에 아르바이트도 하지 않을 수 있었다. 매일 아침 일어나서 '꼭' 해야 할 일은 거의 없지만, 마음만은 여유로웠던 그때 그 상태가 이 책 프로젝트로 나를 이끌었던 것 같다.

내가 '평론가' 혹은 '칼럼니스트'라고 호명되는 칼럼이 매주 발행되었고, 영화잡지 〈무비고어(moviegoer)〉의 창간은 나름대로 성공적이었다(나는 두 편의 글을 실을 수 있었고, 마음에 들었다). 그것들과는 별개로 구직 활동을 계속하던 나는 3월 마지막 주, 한 회사로부터 취업 제안을 받게 되었다.(외국 기업들의 채용 프로세스는 국내 기업과는 많이 다르다. 나는 외국 기업을 원했던 터라, 대부분의 한국 취업준비생들이 겪는 과정을 그대로 경험하지는 않았다.) 재밌게도, 취업준비를 하는 동안 가장 첫 번째로 원서를 넣었던 회사에 합격하게 되었다. 한 달 조금 넘는 기간에 외국에 있는 담당자들과 화상으로 서너 차례 인터뷰를 하거나 온라인 테스트 같은 것을 보았다. 그 과정이 크게 어렵지는 않았고, 나는 여전히 여유로웠다.

한편 이전부터 해외에서 일하는 것에 대한 막연한 로망이 있었기에, 한국에 있는 글로벌 기업의 한국 지사가 아닌 해외기업의 해외 사무실에 원서를 넣어보기도 했다. 그중 홍콩과 싱가포르에 기반을 둔 한 회사와 꽤나 길게 이야기가 오갔다. 묘하게도 내가 가진 능력에 비해 나를 좋아해주었기 때문이다. 결국 그 회사에 가지는 않았지만 만일 그 순간에 내가 다른 나라로 이주하는 것을 선택했더라면 2021년 12월 지금의 내가 하는 이야기는 정말 많이 달라졌을 것이다.

다시 이야기로 돌아가보면, 지금의 나는 겨우 몇 달 전의 나에게 이런 질문을 하고 싶어진다. 어째서 너는 구직 활동을 하였던 것인지, 왜 취업을 해야겠다고 생각했는지. 갓 이름이 알려지기 시작했는데, 막 이제 돈을 받고 글을 쓸 수 있게 되었는데, 왜 그 모든 것은 '별개'의 일로 두고 많은 4년제 대학 졸업 예정자들이 그러하듯, 당연스레 기업 입사를 생각하게 되었는지 말이다. 답을 기대하진 않지만 또한 답을 들을 수 없을 것이다.

스물여섯. 이제 그런 건 없다. 예상치 못했던 코로나 상황으로 인해 취업을 했고, 어른이 된 것이다. 무섭고 막막하다는 생각이 든다. 어른이 된 내 앞에 다가오고 있는 수십 년의 세월이 너무 길고 아득하게 느껴진다.

경제적 자유를 위한 속박

나는 생을 통틀어 100% 속박되어 본 적도, 또 100% 자유로워 본 적도 없다. 과거에도 그랬고, 미래에도 그러할 것처럼, 나의 현재 또한 속박과 자유의 선들이 얼기설기 엮여 있는 것 같다.

경제적 형편이 좋은 가정에서 자라 초중학교 때는 비슷한 수준의 친구들 중에서 가장 유복했고, 고등학교 때는 다양한 수준의 친구들 중에서 가장 유복한 편이었다. 청소년기에 경제적 어려움을 느껴본 적이 없어서 그런지, 지금도 돈에 대한 욕심이 크지 않다. 내 미래를 상상할 때 돈의 자리는 없었던 것 같다.

그러나 부모 경제에 의존할 수 있는 시간은 한계가 있었다. 그래서 스무 살부터는 경제적으로 독립을 하려고 했다. 등록금은 부모님이 내주셨지만 졸업이 점점 늦어지자 지원이 끊겼고,

마지막 두 학기 정도는 스스로 학비를 부담했다. 어른이 되면 용돈을 받지 않는 것이 당연하다고 생각하기도 하여 아르바이트를 시작해 지금까지 멈춘 적이 없다. 수능이 끝나자마자 동생의 공부를 봐 달라는 학교 친구의 부탁으로 과외 알바를 하게 됐고, 이때부터 시작된 돈벌이가 나를 여러 곳으로 데려가 주었다.

스스로 돈을 벌고, 그 돈을 나를 위해 쓰는 것을 즐겼다. 패션이나 화장 등을 경유하니 나만의 '스타일'이 생겼다. 개성이라는 것은 돈, 그중에서도 '내가 번 돈'으로 만들어나가는 것이구나 싶었다. 만남과 여행을 통해 나만의 분위기, 바이브가 생겼다. 눈에 보이는 부분, 보이지 않는 부분이 모두 바뀌었다.

스물여섯 살 본격 취업을 하기까지 아르바이트를 멈춰본 적이 없는데, 그 경험으로 최저임금의 시간제 임금노동은 너무나 힘들고 노동 착취라고 광화문광장에 나가 외치고 싶다. 맥주집 서빙 끝나고 새벽에 집에 돌아오는 길은 피곤하고 서러워서 그야말로 눈물의 귀가였다. 아르바이트를 하면서 꿈을 키우고 다른 일을 하는 사람들이 너무나 대단하게 느껴졌던 기억이 난다.

주변에는 나의 경제적 자립을 굳이 티 내려고 하지 않는다. 4년간은 등록금을 받았으니 완전한 자립도 아니었을뿐더러,

생존을 위해 하는 아르바이트와 나처럼 여행을 하고 취미를 누리고 문화를 향유하기 위해 하는 아르바이트는 차원이 전혀 다르기 때문이다. 나는 여행을 아주 많이 다녔는데, 성인이 되어 부모님의 돈을 써서 여행을 가는 건 (적어도) 우리 가족 내의 논리와는 맞지 않는 일이다. 주변 친구들은 내가 당연하게 부모님 돈으로 여행을 다니는 것으로 미루어 짐작한다는 것을 알고 있다. 하지만 굳이 정정하지는 않는다. 나의 알바비를 나를 위해 쓸 수 있다는 것 역시 내가 속한 계층의 덕을 본 게 사실이기 때문이다. 하지만 내가 가진 알바의 대서사시는 그 어떤 생존들 앞에서는 고개를 들 수 없고 쪼그라들어야 한다는 사실을 잊지 않으려고 한다.

내가 좋아하는 여행, 유연하게 사고하며 끊임없이 이동하는 삶. 내가 꿈꾸는 자유를 실현하기 위해서는 경제적 자립이 필수이고, 20대 청년기의 경제력은 현재의 상황과 조건들에 스스로 속박되기를 선택하면서 획득해야 한다는 사실을 받아들이고 있는 중이다. 지금 겁이 나는 건, 자유를 위해 선택한 속박이 내 일상의 전부가 되어버릴까 봐다. 맥주집에서 새벽까지 아르바이트를 하고 다음날이면 피곤해서 아무것도 시도하지 못하고, 그러면서 동시에 더 열정을 부리지 못하는 나 자신을 원망하던 경험을 반복하고 싶지 않다. 그러기 위해서는 '소유'를 위해 돈을 벌지 않겠다는 오래 전 신념을 잊지 않으려 한다. 돈은 목표가 아니라 자유로운 경험(소유가 아닌 경험)을 위한 도구라는 생각이 나에게 속박 속에서 자유를 줄 거라 믿어 의심치 않는다.

책을 마치며

처음 이 책에 대해 들었을 때 기대보다는 걱정이 앞섰던 게 기억납니다.

'내가 청소년들에게 힘이 되는 책에 참여할 만한 사람일까? 나 역시 아직 나를 잘 모르겠는데….'

하지만 할까 말까 망설임이 있을 때는 '하는 것을 선택'하는 게 옳다는 생각으로 참여하게 됐고 그 선택은 틀리지 않았습니다. 다양한 가치관을 가진 청년 분들을 만나며 여러 생각과 고민들을 들을 수 있었고, 제 고민을 털어놓을 수 있었습니다. 이 과정을 통해 나에 대한 생각을 정리하고 내가 가고자 하는 길에 대해 나름의 자신감을 가질 수 있었습니다. 제가 가는 이 길이 10년 후에 어떻게 변할지 모르겠지만 지금 이 고마운 경험은 후에 큰 거름이 될 거라 생각합니다.

– 이재혁

인터뷰를 하러 집 밖으로 나왔고 정신을 차리고 보니 저자가 되어있네요. 언젠가 내 마음을 담은 책을 써보면 어떨까 궁금했어요. 기쁘고 뿌듯할 것만 같았는데 원고를 보면서 생각보다 그렇지는 않았어요. 세상의 중심처럼 빛나던 나도 보였고, 사람들의 외면과 비난을 이겨내지 못해 숨이 멎을 것 같던 나도 보였어요. 어느새 20대 한가운데에서 청소년 시절의 나를 바라보니 불안한 마음을 스스로 어찌지 못하고 의지할 수 있는 무조건적인 사랑을 찾아 이곳저곳 발걸음을 옮기던 모습이 보여 마음이 아렸습니다. 한참을 그런 마음으로 있다가 '어쩌면 신은 내가 다른 사람의 상처를 이해하고 감싸주는 사람이 되라는 의미를 가르쳐주려 했던 걸지도 몰라.' 하며 마음을 추슬렀습니다.

지금의 나는 모든 사람에게 사랑받고 있지는 않아요. 내가 끊어낸 관계도 있고, 원하지 않았지만 끊어진 관계도 있습니다. 나와 마음이 맞는 사람들과 따뜻한 밥 한 끼를 먹고, 서로의 건강과 안부를 묻고, 즐거운 추억을 간식 삼아 대화를 나누는 일상을 보냅니다. 10대와 20대를 보내며 알게 된 것은 이런 소소하고 작은 일들이 그토록 바라왔던 '사랑'의 형태라는 것입니다.

저자님들과 대화하며 배울 수 있는 것들이 많아 감사했고, 가능성이 무궁무진한 청소년들과 책으로 만날 수 있는 기회가 생겨 행복했어요. 제가 그려온 삶이 여러분에게 도움이 된다면 그것만큼 큰 보람은 없을 겁니다.

- 이아현

원고를 보는 순간, 아찔함이 뭔지 선명하게 알 것 같았습니다. 이 책은 나의 사반세기를 정리하는 자서전 같아 보였습니다. 내가 저런 말을 하고, 저런 글을 썼던가? 낯설고 민망했습니다.

책 제목은 기획부터 '화자'인 우리들이 아닌 '청자'인 청소년 여러분들에게 100% 초점이 맞춰져 있었습니다. 우리 다섯 청년이 아닌, 다른 다섯 청년이었대도 전혀 이상할 것이 없습니다.

동시대 10대들의 궁금증과 고민에 조금이라도 가까이 다가가고자 20대의 오늘이 아닌 10대 시절의 내 과거에 대해 더 많은 말을 하게 됐습니다. 대부분이 긍정적인 경험과 기억으로 가득했던 고등학교, 대학교 생활에 관한 것이었습니다.

그리고 스물여섯, 오늘의 나는 그때의 나와 많이 다릅니다. 직업이 생겼고, 사람들은 나를 다른 방식으로 호명하기 시작했으며 몇 개의 회사들과 약속 관계가 생겼고, 매일같이 '책임'이란 것이 따라오는 삶을 살고 있습니다. 여러 이유로 인해 여행을 하지 못하게 되었고, 소셜 미디어에 접속하는 시간도 줄었고, 함께 있는 시간보다 혼자 보내는 시간이 더 많아졌습니다.

삶의 성격이 하루, 한 달, 일 년 단위로 시시각각 변하고 있네요. '불안정의 아이콘'이라고 말하면서도 나는 이 불안정을 책 속의 나만큼은 즐기지 못하고 있습니다.

그러나 확실히, 게으르고 볼품없는 하루를 보내면서도 '나에 대한 질문'은 멈추지 않습니다. 저는 여전히 저를 사랑하고 아끼는 쪽에 저를 놓으려 합니다.

- 남지우

20대를 마무리 짓는 자서전 같은 이 책을 늦겨울에 시작해 사계절을 지나 다시 깊은 겨울에 마주합니다. 집 창문으로 보이는 나무가 계절을 따라 모습을 바꾸듯, 나도 달라지는 온도에 따라 계속 변했습니다. 그럼에도 나는 여전히 나입니다. 옷의 두께가 바뀌어도, 어제 했던 생각이 오늘 또 달라져도, 울어도 웃어도 나인 건 변함없습니다. 이 변함없는 사실이 늘 깊은 위로가 됩니다.

먼 훗날 펼쳐볼 나에게 보내는 편지를 쓰는 마음으로 이야기를 나눴습니다. 작지만 진심이었던 시절들을 나눌 수 있어 감사합니다. 지극히 평범하고 사소한 나의 시간들이 누군가에게 닿아 용기가 된다면 더 바랄 게 없겠습니다.

- 이다솜

"최근에 한 일 중 가장 잘했다고 생각하는 게 뭔가요?"
라는 질문에, 한 북콘서트에 참가했던 것이라고 말했던 게 생각납니다. 그 북콘서트에서 대표 저자인 은정님을 만나 책을 함께 써보자는 제안을 받았고, 그 덕분에 청년 공저자들과 독자 분들과의 연결이 이루어지게 되었거든요. 이런 소중한 사람들과의 연결이 무엇보다 감사합니다.

그리고 이 책을 통해 솔직하게 나의 이야기를 전할 수 있었음에 감사합니다. 나와는 분리된, 이상적인 조언을 어줍지 않게 던지고 싶지 않았고 내 경험과 실제 가지고 있는 생각을 중심으로 '나'를 드러내고 싶었습니다. 이 책을 통해 나의 길을 찾아가고 있는 제 이야기가 마냥 이상적인 조언보다 더 의미 있게 다가갔으면 하는 바람입니다. 책은 마무리되었지만 저 역시 끝의 지점에 서서 조언을 주는 현명한 노인이 아니라 진행형 단계에 있는 청년이기에 앞으로도 다채롭게 채워질 서로의 이야기를 언젠가 또 한 번 공유할 수 있길 진심으로 바라봅니다.

— 강무영

첫 인터뷰가 2021년 1월 31일이었으니 이 책이 실물로 나오기까지 꼬박 일 년이 걸렸네요. 제 인생에서 가장 오래 다른 사람의 이야기를 들으며 살았던 시간이었습니다. 인터뷰 녹취를 듣다가 메모를 멈추고 한참을 생각에 잠기기도 했습니다. 다른 사람의 경험과 생각을 듣다 보면 자연스럽게 내 삶의 경험과 생각들이 튀어나옵니다. 서로의 경험과 생각이 공중 어딘가에서 만나 서로 대화를 나누는 것 같지요. 저 역시 청소년 시기에 고민이 많았고, 따돌림을 경험했고, 사람을 오래 미워한 적도 있고, 계획대로 되지 않아 좌절을 겪기도 했습니다. 작은 성취감에 자신감이 찼고, 예상치 못한 영광을 누렸고, 미래는 불안했지만 자존감을 지켜주는 친구들 덕분에 힘이 났습니다. 그런 기억의 조각들이 문득문득 떠올라 미소가 번지고 애잔하고 그리웠습니다. 저 스스로 그런 마음을 느끼면서 이 책의 정체성이 더욱 뚜렷해졌습니다.

이 책은 길을 알려주는 이정표 같은 책이 아니라, 길을 같이 걸어주는 동행자 같은 책입니다. 책 속에 함께하는 청년들은 책을 읽는 동안 함께 걸어주는 사람들이고 그 어떤 길도 잘못된 길이 없다고 말 걸어주는 사람들입니다. 이 사회가 잊고 있는 청소년들의 '오늘'이 가장 중요하다고 고개를 끄덕여주는 사람들입니다. 다섯 명의 청년들을 만나는 동안 이 시대의 청소년들을 잊은 적이 없습니다. 그대들에게 들려줄 이야기로서 20대 청년들의 이야기가 가장 적합해 보여서 인터뷰를 시작했지요. 인터뷰로 책을 쓰는 일은 생각보다 쉽지 않았지만 홀로 책을 쓰는 것과는 또 다른 감동을 주었습니다. 청년들이 하는 모든 얘기가 소중하고 애틋하게 느껴지고 그 자체로 숨 쉬는 생명체로 살아났습니다.

책을 읽고 특출난 한 줄의 문장이 생각나거나 어록으로 새겨둘 만한 문구가 있어 탄성이 나오기보다는 잔잔한 감응이 일어나면 좋겠습니다. 할 수 있다는 다짐이나 힘이 솟기보다 나 잘하고 있구나, 하며 고개를 끄덕이고 자신의 마음을 토닥여주면 좋겠습니다. 저와 청년들은 책 밖에서 계속 그렇게 함께할 게요.

예전에는 끼가 많은 사람, 재능이 많은 사람이 대단해 보였는데 40대가 된 지금은 매사에 집중하고 열심히 해내는 사람이 대단해 보입니다. 그래서 재능이 있고 없고가 아니라 행동하느냐 하지 않느냐가 중요하다는 걸 깨닫게 됩니다. '뭘 좋아하는지 모르겠다'라는 말 뒤에는 '잘해낼 수 있을까?'가 숨어있습니다. 그 계산을 빼내면 좋아하는 걸 알아내기 더 쉬울 겁니다. 그러니 '내가 재능이 있을까? 잘할까?'를 고민하며 시간을 보내기보다는 시도해보는 것으로 스스로에게 기회를 주길 바랍니다. 그대는 그러기에 충분한 자격이 있는 사람이니까요.

이 책이 나오기까지 마음과 시간을 내어준 무영님, 다솜님,

아현님, 재혁님, 지우님에게 고맙습니다. 그리고 언제나 청소년을 향한 깊은 애정을 알아봐주시는 우리 착한책가게 출판사, 깊게 사랑합니다. 주변에서 많은 지지를 받은 책입니다. 청소년들과 청년들에게 응원을 보내주는 모든 분에게 '덕분'이라고 말하고 싶습니다. 그리고 청소년, 그대들은 언제나 감동입니다.

- 원은정

청년이 청소년에게 건네는 성장고백

아직 제가 누군지 알아가고 있습니다만

1판 1쇄 인쇄 2022년 1월 18일 **1판 1쇄 발행** 2022년 1월 28일

지은이 원은정 · 강무영 · 이다솜 · 이아현 · 이재혁 · 남지우

펴낸이 전광철 **펴낸곳** 협동조합 착한책가게

주소 서울시 마포구 독막로 28길 10, 109동 상가 B101-957호

등록 제2015-000038호(2015년 1월 30일)

전화 02) 322-3238 **팩스** 02) 6499-8485

이메일 bonaliber@gmail.com

ISBN 979-11-90400-30-5 (43100)

이 도서는 한국출판문화산업진흥원의 '2021년 출판콘텐츠 창작 지원 사업'의 일환으로
국민체육진흥기금을 지원받아 제작되었습니다.